木村文輝＝編

アジア各国の歴史といま

挑戦する仏教

法藏館

インドネシア　ボロブドゥールにおける2010年のワイサク（ヴェーサカ）祭

ブータン　ツェチュ祭での閻魔の登場

ラオス　タットルアンで供養する女性

バングラデシュ　田畑や道路が冠水する雨期にボートで移動する僧侶

中国・雲南　ミャンマー側の僧侶も参加して行われた得度式

タイ　近年注目されているククリット比丘による早朝の托鉢風景

ネパール　仏教の守護神ルーリーティ女神に供物を捧げる女性たち

中国　宗教開放後、中国南部の寺院で行われた初の受戒式

序文

文化功労者　前田惠學

仏教がインドに発し、中国・韓国を経て日本に伝来したことは、つとに知られていたことである。しかし現代世界の各地に展開している仏教の様態については、最近ようやく少しずつ明らかになってきたばかりである。仏教研究者の関心が、自宗の拠り処とする経論や、各宗の宗祖以来の過去の歴史に向けられ、特に生きた現代仏教の事情については、研究や調査の方法も分からず、殆んど意識的に取り扱われてこなかったからである。

今回、木村文輝氏が、「中外日報」紙上に「知られざるアジアの仏教」と題する連載を主宰せられ、各地の仏教事情に詳しい諸氏に依頼された原稿を、ここにまとめて『挑戦する仏教――アジア各国の歴史といま』の一書として法藏館から出版されることとなった。いずれの記事も興味深く読ませていただいたが、私に「序文」を依頼せられたことは、現代仏教の研究を進めてきた私にとって誠にうれしいことである。と同時に、現代仏教に対する関心が次第にひろがりつつあることは、仏教そのものの理解がようやくまともになりつつあるように感ぜられる。

現在、世界の各地に展開している仏教は、大別すれば上座仏教と大乗仏教に区分できる。いずれもアジアに発するが、仏教の性格として、地域の思想や文化との融和をはかるところがあって、仏教は地域仏教として、各地に特徴ある新しい形を生み出し、変化に富んだものとなっている。

本書はアジアの地域に展開する仏教を五項目に分けて地域仏教を紹介しているが、それなりに当を得たもののように思われて興味深い。

私は一九六〇年以来、四十回以上にわたり、世界各地の仏教と仏教研究の状況を見て回った。仏教のあるところは、すべて見て回りたいと思ったりしたが、今となっては夢物語になってしまった。これからの人が、新しい夢を抱いて下さることを願うのみである。

現代仏教の研究にとって重要なことは、まず事実をありのままに記述することである。私はこれを descriptive method と呼んでいる。記述の範囲がひろがり、内容が綿密になれば、それだけ仏教の存在像が明らかになる。私は現代仏教の研究課題の第一は、現地の仏教をよく見て、その存在形態を明らかにすることであると考えている。その上で仏教が現代の動きに対していかに対応しようとしているかを考えることが現代仏教の研究にとって重要であるとしてきた。

しかしアジアの国々の中には、現代以前の近代化を追究している国々が多い。その点については留意する必要がある。私の言う現代とは、一九七二年のローマクラブによって「成長の限界」が発表されて以後を言うが、ここでは詳論するいとまがない。

いずれにしても本書は、アジアの現代仏教の研究にひろく関心を惹き起し、大きく貢献せられたものである。是非多くの方々にお読みいただきたいと願うものである。出来得れば、これが、現地に出かけて、仏教の実際に触れていただくきっかけになればと思う。蕪辞をつらねて序とする。

平成二十二年六月

挑戦する仏教——アジア各国の歴史といま＊目次

3　変貌する上座仏教

4　現代に生きる密教

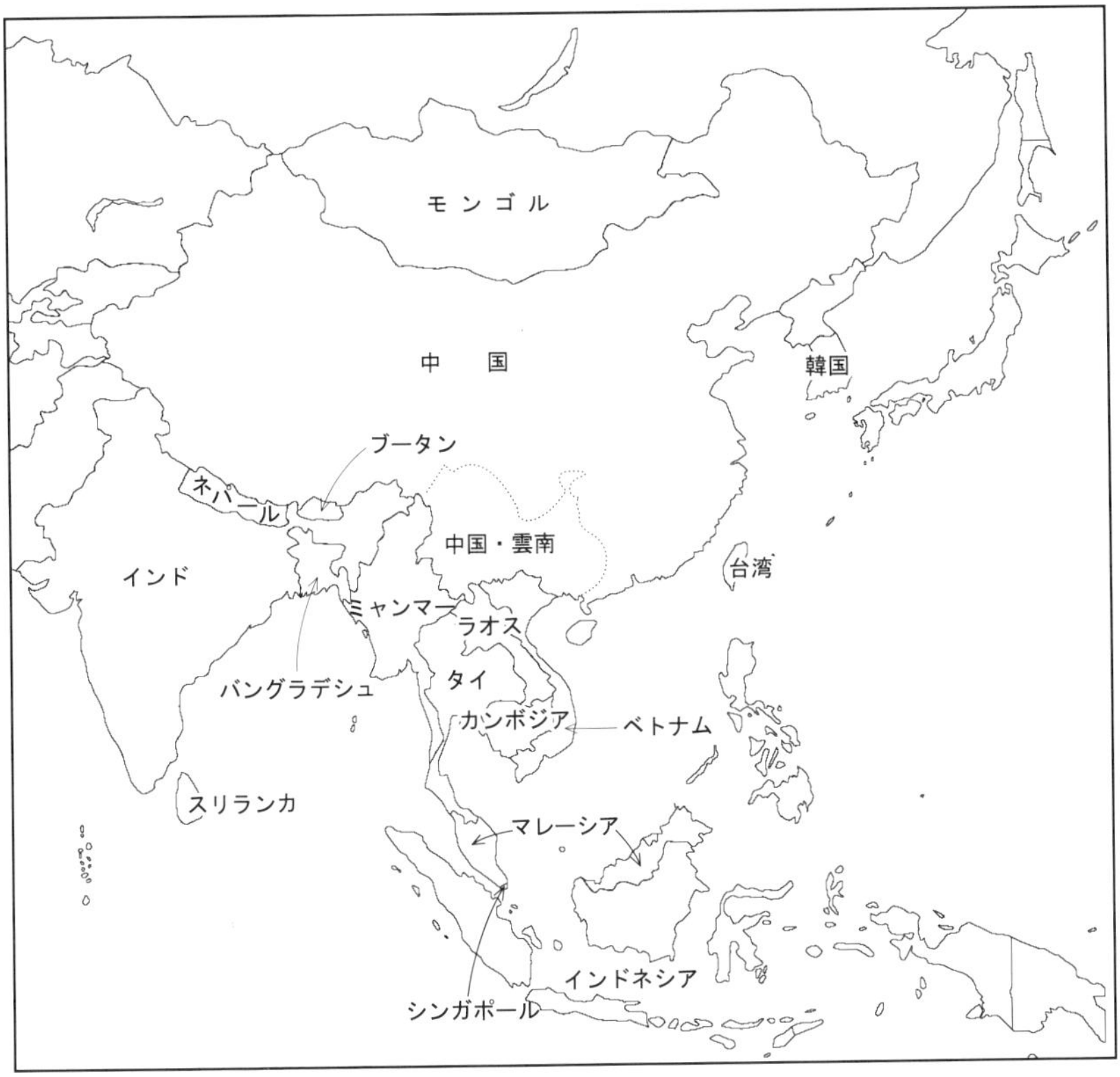

本書で紹介するアジアの国と地域

凡例

一、国名の表記は、正式名称ではなく、我が国における通称を使用した。

一、釈尊・釈迦・ブッダ、上座仏教・上座部仏教、イスラム教・イスラーム等の表記法には、各執筆者の考えが反映されているため、あえてその統一をはからなかった。また、人名、地名、その他現地の言葉のカタカナ表記についても、各執筆者の意向に従った。それ以外の用語の表記法や漢字の使用等についても、各執筆者の立場を尊重した箇所がある。

一、原稿作成の際に各執筆者が参照した文献の注記は、原則としてその記載を省略した。

一、口絵と本文中の写真は、但し書きのない限り、原則として各執筆者自身による撮影である。また、写真の撮影日についても、本書ではその記載を省略した。

挑戦する仏教

――アジア各国の歴史といま

1

マイノリティとしての仏教

インドネシア

五百年の眠りから覚めた仏教

木村文輝

一、イスラームのなかの仏教徒

インドネシアの地にかつて仏教文化が栄えていたことは、ボロブドゥール遺跡の存在が雄弁に物語っている。もっとも、この地域にいつ頃仏教が伝えられたのかは定かでない。すでに五世紀にはその影響が及んでおり、七、八世紀にはジャワ島のシャイレーンドラ国、スマトラ島のシュリーヴィジャヤ国において、それぞれ仏教信仰が盛んになったことが知られている。当初は大乗と小乗がともに流布していたようだが、やがて密教が隆盛を誇るようになった。しかし、十五世紀頃からイスラーム勢力が浸透した結果、十七世紀にはバリ島などの一部の地域を除き、仏教は表面的には姿を消した。

ところが、そのインドネシアに、現在三百万人ほどの仏教徒がいると言われている。総人口約二億四千万人のなかの八割以上の人々がイスラームを信奉するこの国で、仏教徒は完全な少数派である。けれども、その仏教が一九六五年以来、イスラーム、カトリック、プロテスタント、ヒンドゥーとともに、政府が公認する五つの宗教のなかの一つとされているのである。

本論では、二十世紀を中心とする同国の仏教復興の歴史をたどるとともに、現在における仏教徒の信仰の様子を概観することにしたい。

二、仏教復興への軌跡

仏教復興運動の始まり

インドネシアにおける仏教復興運動は十九世紀末に始まった。当時、この地を支配していたオランダ人を中心として、スリランカの仏教復興にも大きな足跡を残した神智学協会の支部が、一八八三年にインドネシアに作られた。インドネシアにおける同会の活動の詳細は不明だが、一九三〇年にはボロブドゥールで、釈尊の誕生と成道と入滅を祝うワイサク（ヴェーサカ）の祭典を行っている。また、その存在はインドネシアでは一部の知的エリート層の関心をひくのみで、広く一般の人々に影響を与えたとは言い難い。けれども、後に同国の仏教復興運動に関わった人々の多くが、若い頃に同会の会員として仏教に関する研鑽を積んでおり、その歴史的な意義は無視できない。

その後、一九三四年には同国の神智学協会員の招きでスリランカのナーラダ長老がインドネシア

三教会の近代的な祭壇（シーラ・パーラミター寺院／ジャカルタ）

を訪れ、ジャワ島各地で布教活動を行った。インドネシアの仏教徒の間では、同長老の訪問が同国の仏教復興運動の記念碑的な出発点として語り継がれている。

ナーラダ長老のインドネシア訪問にあわせて、ジャカルタとボゴールで仏教協会が設立された。また、ジャカルタでは儒教と道教と仏教という中国の伝統的な「三教」の教えを説く三教会も設立された。それ以前からインドネシア各地には、中国から渡来した人々が建立した中国風の寺院は存在した。しかし、そこでは儒教や道教と混然となった中国的な儀礼が行われるばかりで、それぞれの教義などは説かれていなかった。それ故、インドネシアには真の仏教は存在しないとみなされていた。このような状況を改善するために三教会は設立されたのである。

ちなみに、当時のインドネシアの中国系住民（華人）は、中国文化に固執するトトッと呼ばれる人々と、インドネシアの文化への積極的な同化を目指すプラナカンと呼ばれる人々に大別された。三教会を結成したのは主に後者のグループである。彼らは華人としてのアイデンティティを三教の信仰に求める一方で、神智学協会を通して知られるようになった仏教の教義に対する理解を深めていった。とりわけ中心的な役割を果たした郭徳懐《クィ・テク・ホアイ》は、三教のなかでも特に仏教に関心を寄せていた。彼は現地の言葉で仏教に関する著作を数多く発表し、独立以前のインドネシアにおいて、プラナカンへの仏教布教に大きな功績を残している。

アシン・ジナラッキタ師の登場

第二次世界大戦と、それに続く独立戦争を経て、同国の仏教復興運動は新たな局面に入った。郭徳懐に代わって指導的な地位に立ったのが、同じくプラナカンであった戴満安《テー・ボアン・アン》、後のアシン・ジナラッキタ長老である。二十世紀後半におけるインドネシアの仏教復興の歴史は、彼の活動の軌跡とほぼ重なる。同時に、同国の仏教の特徴や問題点の多くは、彼に起因すると言っても過言ではない。

幼少時から観音信仰と中国風の儀礼中心の仏教に親しんでいた戴満安は、バンドン工科大学在学中に「菜食主義の友人を求めて」神智学協会に入会した。そこで「真の仏教」に目覚めた彼は、オランダ留学中に生涯を仏教の修行者として生きる決意を固める。帰国後、彼は一九五二年にインドネシア三教連合会を結成し、翌年五月には約四千人を集めてボロブドゥールでワイサクの祭典を行った。

さらに同年七月、彼はジャカルタにある臨済宗の廣化寺で本清《ペンチン》和尚の下で沙弥になり、体正《ティチェン》という法名を与えられた。そして十二月には本清和尚の支援でビルマへ渡り、ヴィパッサナー瞑想の指導者として著名なマハーシ長老に師事した。翌一九五四年一月、彼はマハーシ長老の下で改めて上座仏教の沙弥となり、数時間後には比丘としての具足戒とともに、アシン・ジナラッキタという法名を授けられた。ここに、現代インドネシア人として最初の上座比丘が誕生したのである。

晩年のアシン・ジナラッキタ長老

ただし、彼は最初からビルマへの留学を考えていたわけではない。彼に対するヴィザの発給や、マハーシ長老への紹介などは、すべて在ジャカルタのビルマ大使によって主導されたという。このことは、当時スリランカとともに、アジアの仏教復興を目指していたビルマの国策との関連で注目すべき点である。

比丘サンガの結成

比丘になったアシン師は、インドネシアの

仏教徒の要請に応じて同年末に帰国した。その後、各地で仏教に関する講演や瞑想の指導を精力的に行い、翌年には優婆塞・優婆夷友好団体を結成した。また、一九五六年には仏紀二五〇〇年を祝うワイサクの祭典で、インドネシアの仏教が五百年の眠りから覚めたことを宣言した。

そして一九五九年には、政府や国軍の関係者と各国の大使、さらには日本を含むアジアの五か国から十四名の比丘を招いて、国際的なワイサクの祭典をボロブドゥールで行った。また、この機会を利用して、彼はワイサク祭典に集まった十三名の上座比丘とともに「サンガ・スチ」を結成し、同サンガの名のもとに、インドネシア国内で初めて比丘の授具足戒式を行った。こうした様子が新聞などで大きく報道されたことにより、仏教は劣った宗教だという国民の認識が根本的に改められることになった。

その結果、仏教はインドネシア国内に急速に浸透し、古代ジャワ仏教徒の末裔たちが、これまで隠してきた自らの仏教信仰を公然と表明するようになったという。このように、一九五九年は同国の仏教復興運動にとって、きわめて重要な年になったのである。なお、「サンガ・スチ」は「サンガ・アグン」と名前を変えて、現在も活動を続けている。

ブッダ・ヤーナの立場

アシン師が唱導した仏教の特徴は、上座、大乗、金剛乗の垣根を越えて、あらゆる仏教の流儀を等しく尊重する点にある。一般に「ブッダ・ヤーナ（仏乗）」と呼ばれるこの立場は、さまざまな

アシン・ジナラッキタ長老が本拠地としたシャキャワナラン寺院（チパナス）

仏教信仰の形態を遍歴した彼の人生を反映したものだと言えるだろう。彼は、「純粋な仏教などありはしない。仏教徒であることが第一に重要だ」と述べる一方で、「どのような形の仏教も、それが等しく釈尊の教えを受け継ぐものであれば、必ず優れた思想を含んでいる」と語っている。その結果、彼を中心として結成されたサンガ・アグンには、現在では上座、大乗、金剛乗のそれぞれの流儀に従う比丘と、大乗の比丘尼が対等の立場で属しており、在家信者たちも、自分の好みに応じてそれぞれの儀式に参加している。

同時に、彼のこのような立場こそが、さまざまな民族的、文化的な出自をもつ現代インドネシアの人々の間に仏教を根づかせたと言ってもよいだろう。神智学協会や東南アジアの上座比丘たちの影響で仏教信仰に目覚めた人々、中国仏教の影響のなかで生活する人々、古代ジャワ仏教の末裔たち。こうした人々を一つにまとめなければ、多民族国家であるとともに、仏教徒が明らかに少数派でしかないインドネシアに仏教を定着させることは難しかったはずである。

その一方で、彼は中国風の「迷信」的な要素を極力排除しようとした。これは、中国文化の影響を徹底して排除したかつてのスハルト政権への対応であると同時に、仏教は中国人の民族宗教ではないことをアピールし、さまざまな出自の人々に仏教を広めるためには不可欠の選択であった。「インドネシアには、その精神風土に適した独自の仏教があってもよい」というアシン師の言葉は、そのことを如実に物語るものである。

アシン師は二〇〇二年四月十八日、世寿八十歳、法齢四十八年で亡くなった。終世、上座比丘の僧衣をまとっていた彼の葬儀は、古代ジャワ仏教徒の末裔が多く住むというスマトラ島南端の町で、禅宗の作法にのっとって行われた。「体解大道播種善果在南邦　正気凛然歴尽艱辛永留芳」。葬儀場に掲げられた彼の遺誡である。

三、仏教界の分裂と統合

アーディ・ブッダの信仰

インドネシアには一九四五年の独立以来、「パンチャ・シーラ（五原則）」と呼ばれる建国の理念が存在する。その第一条には「唯一神への信仰」が掲げられており、すべての国民はこの条件に合致した政府公認の宗教に帰属することを義務づけられている。この問題が特に政治的に注目されるようになった一九六五年頃、アシン師は古代ジャワ仏教の聖典である『聖大乗論』に説かれているアーディ・ブッダ（本初仏）に注目し、それを仏教の「唯一神」とみなすことにした。この主張が評価されて、仏教は前述のとおり公認宗教の地位を認められたのである。

アーディ・ブッダの導入の理由について、アシン師は端的に「仏教を守るためだった」と述べている。けれども、彼に従うサンガ・アグンでは、今日、アーディ・ブッダに教義上の重要な地位が与えられている。また、人々はあらゆる儀式や集会の冒頭で、あるいは個人的な崇拝の場でアーディ・ブッダへの祈りを捧げており、その存在が彼らの信仰にしっかり定着していることが窺われる。

ただし、正統的な上座仏教を志向する人々にとって、アーディ・ブッダの導入は当初から受け入れ難いものだった。そこで、彼らは「唯一神への信仰」を意味するインドネシア語の単語を、文法上の他の規則に従って「唯一最高の神性」と解釈し、それは絶対的で無限定な「涅槃」であると主張した。さらに彼らは、上座比丘でありながら仏教のあらゆる流儀を受け入れるアシン師の方針にも批判的だった。そのため、彼らは一九七六年にサンガ・テーラヴァーダを設立して独立し、次第にタイ仏教界との結びつきを深めていった。

他方、正統的な大乗仏教を志向する人々は一九七八年にサンガ・マハーヤーナを設立し、香港や台湾の仏教界との連携を強めていった。こうして、インドネシア仏教界には三つの比丘サンガが鼎立することになったのである。

KASIとWALUBI

一九七〇年代後半に、インドネシア仏教界には前述の三つの比丘サンガと並んで、それぞれのサンガに従う三つの在家団体と、古代ジャワ仏教の復興を目指す「カソーガタン」、弥勒教団、三教会、それに日蓮正宗という七つの在家団体が成立していた。一九七九年五月、これらの団体は政府の意向によってWALUBI（ワルビ）と略称される統一組織を結成することになる。

ところが、このWALUBIでは当初から主導権をめぐる対立が続いていた。そして、一九九八年には、アシン師に近い関係にあった従来の三つの比丘サンガと、その各々に従う在家団体、および、三教会の一部の人々がWALUBIを脱退し、新たにKASI（カーシー）と呼ばれる組織を結成した。一方、KASIから分かれて上座、大乗、金剛乗のそれぞれの教えを追究する三つの団体と、カソーガタン、弥勒教団、日蓮正宗、それに三教会の一部の人々が、新しいWALUBIの構成メンバーとなった。

現在、同国の仏教界はこの二つの団体に分かれて活動を行っており、仏教界最大の行事であるワイサクでは、それぞれの団体が毎年交互にボロブドゥールを舞台に祭典を主催している。

エーカヤーナ寺院の礼拝集会に集まった学生たち（ジャカルタ）

四、KASIに見る信仰の特徴

垣根を越えた信仰

ここで、比較的一体感の強い、KASIに属する人々の信仰の特徴を見てみよう。インドネシアの各寺院では、世代ごとに集まる礼拝集会が毎週定期的に開かれており、そこでは経典の唱和や瞑想の実践とともに、比丘や指導的な在家信者による講話が行われている。とりわけ、学生の礼拝集会では千人以上が集まることも珍しくない。しかも、寺院を中心としてさまざまなサークル活動も行われており、寺院は若者たちの交流の場としての役割を果たしている。

一方、学校教育のなかでも自らの宗教について学ぶ時間が設けられており、通常、仏教

サンガ・テーラヴァーダに属するブッダガヤ寺院の観音堂（スマラン）

の授業では教義的に最もシンプルな上座仏教が中心に取り上げられている。そのため、筆者がサンガ・アグンに従う信者たちに行った聞き取り調査では、「どの流儀の教えも同じだが、あえて言えば上座仏教が最も魅力的だ」という意見が多く聞かれた。

　けれども、そのように答える人々のなかには阿弥陀信仰や観音信仰を守っている人が数多く含まれており、アシン師もまた、生涯にわたって観音信仰を守り続けた。のみならず、こうした傾向はサンガ・アグンだけではなく、少なくともＫＡＳＩに属する人々の間では共通して認められるものである。たとえば中部ジャワ地方のスマラン市では、サンガ・テーラヴァーダの寺院に華麗な観音堂が建立されている例も存在する。サンガの区別を越えて、信者たちの具体的な要求に合わせた独自の仏教信仰が育まれていると言えるだろう。

仏教信仰の魅力

ところで、インドネシアでは仏教徒は絶対的な少数派である。それにもかかわらず、人々が仏教にひかれる理由はどこにあるのか。サンガ・アグンの信者たちに尋ねたところ、慈悲の精神や瞑想の素晴らしさなど、さまざまな要素が指摘された。そのなかでも過半数の人々があげたのは、現代の科学主義にも矛盾することのない、業の理論の合理性であった。これは同国の仏教界において、因果応報にもとづく業の理論こそが、仏教思想の基本であると説かれていることに由来する。

また、とりわけ他宗教と関わった経験のある人々からは、仏教が自己を拠り所とする宗教であり、五戒の順守と瞑想の実践、それに定期的な寺院への参詣を除けば、日常生活の多くが各人の自主性に委ねられている点に魅力があるという回答が寄せられた。

生前のアシン師も、仏教は柔軟性をもつ宗教であり、他者にプレッシャーを与えない点に最大の魅力があると語っていた。彼によれば、自他の自主性を尊重することで自我意識は消滅し、他者に対する慈悲が生ずる。この慈悲、すなわち普遍的な愛を日常生活のなかで心がけていれば、人々は煩悩から離れて心の安らぎを得ることができる。仏教内の流儀にとらわれることなく、具体的な「実践《プラクティス》」を行うことが、仏教徒にとっては最も大切な課題である。このようなアシン師の教えは、今日ではサンガ・アグンのみならず、ＫＡＳＩに属する他の二つのサンガでも同じように語られている。三つのサンガは共通の基盤の上に活動しているのである。

五、規制緩和の進む宗教界

最後に、一九九八年のスハルト政権の崩壊によって、仏教界にも影響が及んだ二つの重要な点を記しておきたい。

第一は、宗教活動に対する規制が緩和されたことである。それまで、仏教界にはさまざまな政治的干渉が加えられており、仏教側からの情報発信は極度に制限されていた。ところが、現在では政治的圧力は激減し、インターネット上でも各寺院や信者によって数多くの情報が発信されている。さらに、寺院を建立する際にも、周辺の住民の合意のみが条件となり、政府の認可は不要となった。ただし、実際にはイスラーム教徒が大半を占める同国内で、寺院の建立は以前よりも難しくなっているとのことである。また、仏教の積極的な布教は他宗教との軋轢を生む危険が大きい。そのため、仏教界では一部の団体を除き、新たな信者を獲得するための布教活動はほとんど行われていないのが実情である。

第二は、中国文化に対する規制の緩和である。一九六五年に発生した共産党のクーデター事件以来、同国では共産党のみならず、中国文化の影響を徹底的に排除する方針が貫かれた。そのため、一時は公認宗教の地位を認められていた儒教が一九七九年にはその地位を追われ、儒教や道教の信仰は、三教会の流れを汲む教団やサンガ・アグンのなかで、仏教信仰の一部として続けられていたのみであった。さらに、古くからの中国寺院では、新たにインドネシア風の名称を付けて、いずれかのサンガに属する仏教寺院になることで存続を認められていた。しかし、現在では中国系の信者の多い寺院では中国風の装飾などが増えており、三教会系の教団では儒教や道教の儀礼が徐々に復活されている。さらに、古い中国寺院のなかには、仏教からの離脱を宣言する事例も報告されている。

とは言え、現在のインドネシアでは、仏教は中国の民族宗教ではないという理解がすでに定着しており、大半の仏教徒の関心は、中国的な儀礼や装飾よりも、仏教の教義や実践そのものに向けられている。さらに、仏教界では今後の目標を「社会参加型仏教（エンゲイジド・ブッディズム）」に据えようという動きも現れている。ただし、それは特別な事業を始めようということではない。むしろ、日々の生活のなかで仏教精神を体現し、積極的に社会貢献を行っていこうというもので、従来の活動を一層充実させることが目指されているのである。

このように見てくると、五百年の眠りから覚めた仏教信仰が、今日、着実にインドネシアに根を下ろしていることは疑いない。けれども、イスラーム勢力が圧倒的なこの地では、これからも仏教徒は少数派として、常に政治と社会の動向に影響され続けていくことも確かであろう。

マレーシア

複合民族国家における華人仏教

安藤　充

一、イスラム教国の仏教徒

ヨーガ禁止の国？

二〇〇八年十一月、「マレーシアでヨーガ禁止」というニュースが報道され話題を呼んだ。正確には、イスラム法解釈の最高機関である全国ファトワ評議会が、「ヨーガはイスラムの教えと相入れない要素を含み、ムスリム（イスラム教徒）にふさわしくない」とする見解を示したという。

近年マレーシアでは、健康のためにヨーガの瞑想や身体運動を取り入れる人々も増えていて、首都圏だけでも一万人近くのムスリムが、ヨーガのインストラクターとして登録しているそうだ。こうした流行を懸念してか、「ヨーガはヒンドゥーの神との合一を究極の目標に置くもので、マントラ（真言）を唱えたりもする」と、ヨーガからヒンドゥー教の要素を排除できないことを理由に、反イスラム的だと断じたわけである。

エジプトやシンガポールでもすでに同様な規範が示されており、マレーシア独自の動きというわけではないが、このニュースのなかにマレーシアの宗教状況が端的に表れていると言ってもよい。マレーシアの仏教を紹介するのが本論の主旨だが、ここまで読んで「ヨーガが禁止なら仏教はどうか」と思われた方もいらっしゃるだろう。先の報道からしても、マレーシアではイスラム教が相当な影響力を持っていることが推し測られる。そこでまず、こうしたイスラム教国で仏教がどう位置づけられているかに注目してみたい。

国教イスラム教と信教の自由

マレーシアの憲法第三条第一項は、イスラム教が連邦の宗教、つまり国教であると明記している。マレーシアは立憲君主制の連邦国家で、全国十三州のうち九州がイスラム教の長であるスルタンを戴き、そのスルタンらが五年ごとの回り持ちで国王の座につく。要するにイスラム教の長が国王ということだから、イスラム教を国教とするのも当然と言える。

ただし、国教だからといって、国民すべてにイスラム教が強制されるわけではない。憲法の同じ条文の後半では、他の諸宗教も平和と調和のうちに信奉することができるとしている。また、憲法第十一条の第一項から第三項では、信仰の告白・実践・布教の権利、他宗教のための税を強制されないこと、宗教団体の設置や活動の自由をうたっている。このように、マレーシアでは憲法によって国民の信教の自由が保障されている。

冒頭に紹介したニュースでも、ヨーガ禁止というのはあくまでムスリムに対する宗教令であって、非ムスリムには適用されない。イスラム教徒でなければ自由にヨーガも行えるのだ。

しかし、イスラム教以外の宗教が「平和と調和のうちに」信奉できるというのは、「イスラム教やイスラム教徒を煩わさない」ことが前提条件となっている。マレーシアでは、イスラム教に関する事柄は各州に権限が委ねられており、憲法第十一条第四項では、イスラム教徒に対してほかの宗教を布教することは、州法で管理または規制することができる、としている。実際、他宗教からムスリムに対して宗教的な働きかけを行ったり、ムスリムが自ら異教に関心を持ったり改宗したりすることは、州法の規定によって禁じられており、違反には厳しい刑罰が伴う。粗っぽく言えば、マレーシアでは、イスラム教徒に手出しをしないことを条件に、ほかの宗教の存在が認められているということになる。

現在、マレーシアの人口は約二千七百万人、そのうちの六割強がマレー系のイスラム教徒で、中国系が三割弱、インド系が一割弱、そのほかに先住民族がいる。法制上、イスラム教徒には仏教を広められないとすれば、マレーシアの仏教は、その前提からして、主流のマレー系以外の民族を対象にした、限定的でマイナーなものにならざるを得ない。インド系は主にヒンドゥー教を奉じており、マレーシアの仏教徒の大多数が中国系であるというのが現実である。

二、仏教の伝来と展開

マレー半島の仏教史

今のマレーシアにあたる地域へは、二世紀頃には仏教が伝わっていたとする説が一般的である。七世紀後半に成立したシュリーヴィジャヤは、スマトラ島周辺の海域を勢力下に置いていたが、そこではインド・パーラ朝の仏教の影響で大乗仏教が盛んであったと言われる。また、七世紀末に海路でインドに渡った義浄（六三五〜七一三）は、経典を中国に持ち帰る前にスマトラのパレンバンの地に数年間も寄留したが、それはパレンバンが当時、仏教学の一大研究センターとなっていたからという。千人以上の僧侶が学問に励み、書物も儀式もインドと変わらないと、義浄も書き残している。こういう仏教興隆の状況から推察すれば、同じ頃に大乗仏教の影響がマレー半島まで及んでいたとしても不思議ではない。

その後十三世紀頃になるとイスラム化が進行し、十五世紀以降には各地の支配者の改宗などが相次ぎ、イスラム教が席巻していく。他方、十六世紀以降は、ポルトガルのマラッカ占領を口火に、ヨーロッパ勢力の進出、支配が進む。ポルトガルに続いてオランダがマラッカを押さえ、十九世紀になるとイギリスが勢力を伸ばす。イギリスはオランダとの協約でマラッカ海峡の東側の支配権を確立すると、十九世紀末までにはマレー半島全域を植民地におさめた。

マレーシア最古の仏教寺院・青雲亭（マラッカ／マレーシア政府観光局提供）

こうした植民地支配の過程で、中国人が主にスズ鉱山労働者や商人として、インド人がゴム農園労働者として大量に導入された。これが現在のマレーシアの民族構成のもととなった。仏教に関して言えば、アジアからの移住者が祖国からそれぞれのスタイルの仏教をマレーシア地域に持ち込むことになる。中国から大乗（中国）仏教が、そしてスリランカ、タイ、ビルマから上座仏教がもたらされた。

各地の仏教寺院

古都マラッカには、一六四六年建立と伝えられるマレーシア国内最古の仏教寺院、青雲亭《チェンフーテン》があり、中国から建材を運んで中国式の寺を造らせたものだという。初期のマラッカ華僑は、言語や習俗については多分に現地の文化と融合していったが、イスラム教に改宗することはほとんどなかった。

ただ、華僑の宗教イコール仏教とみるのは正確とは言えない。彼らが大切にするのは、仏教も儒教も道教も混じり合った民俗信仰（神教とも呼ばれる）で、霊媒師によるシャーマニズム（神懸かりになって、そのお告げで助言や治療をする宗教活動）を核とし、祖先崇拝や現世利益といった価値観に裏打ちされたものである。華僑らがマレーシアにもたらした仏教も、そのような民俗宗教の流れと不可分である。マラッカの青雲亭も本堂の中央に観音菩薩を祀るが、その左脇には、漁業や航海の神として中国南部で篤く信仰される道教系の女神、媽祖《まそ》が祀られている。信者にとっては、観音と媽祖が共存していても何ら不思議がないどころか、ますます御利益のあるお寺ということになる。

他方、マレー半島北部のクランタン州には上座仏教寺院が多い。仏教国タイと隣接し、タイ系住民も居住するという背景によるが、中国系が支える上座仏教寺院もあるという。これは、古くに渡来して現地文化と融合した華僑らが、地元のタイ仏教との絆を深めたことを物語っている。

もう一つ、マレーシア仏教の特色を顕著に表しているのがペナン島だ。イギリス支配下で自由貿易港として栄え、中国系住民の比率が高い。ここには極楽寺《ケロシ》というマレーシア最大の仏教寺院があり、広大な境内地に、七層の仏塔や大観音像が威容を誇っている。堂内に祀られる金ぴかで笑顔の弥勒菩薩はいかにも中国的だ。日本だと布袋様にあたる姿で、財運をもたらす「ハッピーブッダ」として篤く信仰されている。ペナンではほかに、全長三〇メートルを超える寝釈迦仏のあるタイ寺院や、黄金のパゴダのビルマ寺院も有名で、民族ごとにそれぞれの仏教が護持されてきたことがよ

極楽寺の弥勒菩薩（ペナン）

くわかる。

三、仏教会と仏教青年会

マレーシア仏教の組織化

マレーシアの仏教に大きな転機をもたらしたのが、一九五〇年代に相前後して訪れた何人かの仏教者たちである。

中国本土出身の竺摩《じくま》師はペナンに定住し、仏教弘法団を組織して全国を行脚、中国系住民に対し、俗信を排した仏教の教義の普及に努めた。

スリランカ僧のダンマナンダ師は、首都クアラルンプルの住持寺院内に仏教伝道協会を設け、英語による布教や著作を行い、スリランカ系仏教徒のみならず、英語で教育を受けている中国系青年層に反響を呼んだ。

マレーシア仏教会本部（ペナン）

こうしたリーダーシップのもと、マレーシア華人仏教の二大連合体である仏教会および仏教青年会が築かれていった。

二〇〇九年に五十周年を迎えたマレーシア仏教会だが、その設立は、まだイギリス統治下にあった一九五五年に、金明、金星の二人の華人僧がマレー半島各地の中国系寺院を訪問し仏教会の組織化を働きかけたことに始まる。そして一九五九年、ペナンの極楽寺でアブドゥル・ラーマン首相の臨席のもと結成大会を開き、マレーシア仏教会が正式に発足した。本部はペナンに置かれ、現在、全国に三十の支部があり、加盟団体（寺院および信徒団体）七六七、個人会員約二万七千名を数える。

マレーシア仏教青年会は、一九五八年に結成されたマラヤ仏教青年友誼連盟を前身とする。初期の活動には、アメリカ人僧侶スマンガロー師が果たした役割が大きい。師はキリスト教のように幼少時から教化することの重要性を説いて、日曜学校開設に尽力した。また、仏教の正しい理解のために法話会を精力的に催した。一九六三年に師が逝去すると、カリスマ的な指導者を失った仏教青年会活動はいったん頓挫するが、スマンガロー師の感化を受けた華人青年たちが原動力となって、一九七〇年にマレーシア仏教青年会が新たに設立された。現在では約二百五十団体、十万人のメンバーを擁する大組織となっている。

仏教会は主に中国系寺院を束ねる連合組織で、どちらかと言えば伝統的な価値観も大事にしている。他方、仏教青年会のほうは、青年層（十二歳から四十歳）を対象にしているのは当然だが、英語と中国語のバイリンガルを原則とし、特定の宗派に偏らないことを標榜しており、教育レベルの高いエリート青年層が中核を形成している。

教化と「仏教検定」

マレーシア仏教会、仏教青年会の二大組織はいずれも、教化・教育・慈善の三つを活動の柱としている。教化活動では、一般のマレーシア華人たちが、仏教徒と自称しながら本来の教えを理解していないという認識に立って、仏陀の正しい教えを広め仏教徒の団結をはかることを目的としている。定期的な説法会を全国各地で展開し、仏教会と仏教青年会と共催での布教事業も行われる。

こうした法話の会の継続と拡大には、適切な指導者層の養成が前提となる。仏教会ではペナン本部に仏教専門の教育機関として仏学院を設け、予科から専修までの五つのレベルで、仏教学、禅の実習、教化のほか、コンピュータ実習や一般教養も含めて教えている。通信教育コースもあって、マレーシア全土にとどまらず、シンガポール、インドネシア、香港、オーストラリアからも受講していると聞く。教授語は標準中国語で、出家・在家を問わず受け入れている。修了後は、さらに台湾や香港で勉学を続けるか、寺院住持や布教師になるケースが多い。

さらに興味深いのは、マレーシア全国仏教試験だ。日本風に「仏教検定」とでも言えるようなこの試験は、仏教会と仏教青年会の共同事業で、一九七四年以来、マレーシアの独立記念日にあたる八月三十一日に、全国各地の会場で一斉に行っている。英語か中国語のいずれかで受験でき、難易度により啓蒙・初級・中級・高級の四レベルに分かれている。

たとえば高級では、選択題（十題）では「ヴィナヤとは―（A）経蔵（B）論蔵（C）法蔵（D）律蔵」、問答題（五題）では「八不中道とは何か、簡明に答えよ」、作文題（三題から一つ選択）では「仏教徒の責任と使命について」といった問題が出ており、これらを三時間で答えるようになっている。ちなみに、ヴィナヤとは律蔵のこと。また、八不中道とは、龍樹が「中論」で説いた教理で、不生・不滅、不常・不断、不一・不異、不来・不出の八つの否定を通して、とらわれのない正しい見方が得られるということである。

こうした仏教試験の高級レベルを優秀な成績で合格すれば、説法会の布教師に採用されたり、寺院向けの布教師として推薦されたりする。若くて比較的教育程度の高い中国系仏教徒が、自らの仏

社会福祉事業に尽力した隆華師

教理解度を測ったり、華人同胞への正法弘通を志して受験するようだ。

隆華上人の福祉事業

慈善・福祉事業も両組織の重要な活動の柱の一つだ。仏教会ではペナンの本部ビル内に設けられた診療所とその支所二か所で、内科、鍼灸、マッサージ治療や施薬を無料で行っている。

そのほか、仏教会と仏教青年会の双方で、献血、死後の角膜・腎臓の提供を呼びかけ、奨学金や義捐金を送っている。マレーシアではイスラム教徒の断食月には特に輸血用血液が不足するようで、献血月間を設けて会員ボランティアを動員し、献血を推進している。

社会福祉事業として特筆されるのは養老院と養護施設の運営で、これはもともとジョホールバルの観音院住職の隆華《りゅうか》師が独力で始め、そのあとを仏教会が引き継いだ。

上海に生まれ、戦後、共産主義中国を逃れて香港に渡った隆華師は、一九五三年にマレー半島に移ってきた。一九七五年、五十五歳のときに養老院と養護施設の建立を発願し、私財を投じて、住持寺院の境内地に三階建ての孤児・障害児センターを、さらに別の地で店舗ビルを購入改装して養老院とした。血縁を重んじる華人社会ではかえって疎んじられる障害者や孤児、身寄りのない老人を受け入れるのは、師が発願したとおり慈悲の利他行と言える。

有力な財政支援がないため、隆華師自身の拠出のほかは献金と借財に頼るしかなく、トラックの荷台に弥勒菩薩像をのせて募金行脚もしたという。師は一九九八年に亡くなられたが、後を委ねられた仏教会では、これらの施設に師の名を冠して、六十歳以上の高齢者五十名、孤児や障害者百五十名を、人種や宗教の別なく無料で受け入れている。

四、多様化するマレーシア仏教

近代化と伝統

マレーシア仏教の現況を取材した折には、上述の華人仏教二大組織の本部のほか、地方の支部や寺院も訪れた。一般的な寺院では、観音菩薩の生誕、成道、出家の日とされる旧暦二月十九日、六月十九日、九月十九日、および四月十五日の衛塞節《ウェーサカ》（釈尊生誕・成道・入滅記念日）の法要を行っている。毎月一日と十五日に定例法要をする寺もある。毎日の読経では、朝課（朝の勤行）に大悲呪あるいは楞厳呪、晩課には阿弥陀経ないしは般若心経を唱えるという。

近代的な位牌堂や納骨堂を備える寺も増えており、これは、マレーシアの経済成長や都市化を反映しているとも言える。ジョホール州のムアという町の浄業寺は、仏教会の州支部が置かれる有力寺院で、五百柱を安置するロッカー式の納骨堂のほか、二千柱を納める位牌堂も擁する大伽藍である。住職の禅亮《ぜんりょう》師は仏教会で青年部のリーダーを務めたのち、現在も本部事務長や州支部長などの要職をこなす。その一方、取材した折には、葬式や年忌法要のお参りもかなり忙しいとのことだった。「俗信を断じて釈尊の教えを正しく広める」という理念のかたわら、位牌堂や納骨堂、法事という現実のあることが、日本にも通じるようで記憶に残った。

新しい動き

マレーシア仏教の特徴としてもう一つ興味深いのは、台湾との関わりだ。先の禅亮師も台湾で受戒したように、台湾で仏教を学び、修行や受戒をする華人僧は多い。仏教会も仏教青年会も、教化用の雑誌や読本を中国語と英語の両方で精力的に出版しているが、地方の寺や仏教研究会では、台湾からの経本や布教本、説法や読経のカセットテープなどが多く出回っているのを眼にした。さらに一九九〇年代以降、台湾を拠点にしてアメリカにも組織を広げるような、仏光山や慈済功徳会といった大教団がマレーシアにも進出してきている。

ほかにも、チベット仏教系のマレーシア金剛乗会が一九九八年に結成されたり、カリフォルニアを拠点とする中国系の法界仏教会という組織がマレーシアに入ったりもしている。

本論では華人仏教を主に取り上げたが、マレーシアではスリランカ系の上座仏教組織の歴史も古い。先述のダンマナンダ師の仏教伝道教会もその一つである。イスラム教を至上とするマレーシア社会のなかで、英語と仏教という共通の基盤をもとに、さまざまな仏教徒が民族や宗派の枠を超えて連帯していけるのか。あるいは新たに進出してきた強力な教団が競合して系列化し、華人仏教自体も拡散していくのか。また、一般華人は相変わらず霊媒師による招福除災に頼り、現世利益と先祖供養を第一とするのか。

日本の仏教のあり方を考えるうえでも、マレーシア仏教のこれからの動向が注目されるところだ。

バングラデシュ

仏教徒としてのアイデンティティ

谷山洋三

一、複数の民族グループ

バングラデシュ人民共和国の総人口約一億四千万人のうち、イスラームが八三パーセント、ヒンドゥーが一六パーセント、そして仏教は一パーセントに満たず、仏教徒（上座仏教）の大半が生活するチッタゴン地方の五県でも、仏教徒は全人口の七パーセント程度というマイノリティである。仏教徒は複数の民族的グループに分かれており、三分の一は「バルア（ボルア）」を姓とするベンガル人でチッタゴンの平地に住み、三分の二は丘陵地帯に住む「ジュマ」と総称される先住民族である。先住民族のなかでは、チャクマ族、マルマ族、ラカイン族などが仏教徒として知られ、もともとはミャンマーから移住してきたとされる。なお、インドのバングラ州（旧・西ベンガル州）にもバルア仏教徒がいるが、彼らはチッタゴンから移住した人たちとその末裔である。バングラデ

ダンマチャクラ寺の仏堂（ラングニア郡ショイドバリ村）

シュ仏教の中心となるのはバルアとチャクマ族であり、本論の前半では歴史と現状を概観し、後半ではバルアに焦点をあてる。

二、バングラデシュの仏教史

近代以前の仏教の展開

一九七一年にパキスタンから独立したバングラデシュは、ガンジス河の下流にあるデルタ地帯に位置し、ベンガル地方の東半分に相当する。当地に仏教が伝来した時期は、アショーカ王時代以前の可能性があり、遅くとも紀元後三世紀は下らない。七世紀の玄奘《げんじょう》の記述によると、当地には数千人の僧侶がいたという。パーラ王朝期（八〜十二世紀）は、インド仏教の最後を飾った密教の舞台となり、この時代に建立されたパハールプール遺跡の

ケーマナンダ寺の仏像（中央：施無畏印の釈迦仏像、左：触地印の釈迦仏像、右：シーヴァリー尊者像／ラウンザン郡中アダル、マニック村）

寺院群は世界遺産に登録されている。また、チベットに密教を伝えたアティーシャは現在のバングラデシュ領内の出身であり、歴史の教科書にも紹介されているのでイスラーム教徒にも彼の名前は知られている。

十三世紀から十八世紀にかけて、ベンガル地方はイスラームの統治下となっていたが、ミャンマーに近いチッタゴンは、上座仏教徒のアラカン王国（十六〜十七世紀）に支配されていた。十八世紀にも、チッタゴンにはアラカンの仏教徒が流入している。

イギリス東インド会社は十九世紀初めまでに、ベンガル地方を含むインドの大半を支配下に置いた。一八二六年にアラカンがイギリスに併合され、チッタゴンとの間の国境がなくなった。イギリスの寛容な宗教政策と、交通機関の発展、メディアの普及も影響して、バングラデシュ仏教における改革運動が始まる。

上座仏教への集団改宗

改革前のバルアとチャクマ族の信仰は密教とヒンドゥー教の影響を強く受けており、「ラウリ」と呼ばれる在家の仏教僧がいて、バラモンのような祭祀を行っていたようだ。ミャンマーやスリランカの仏教の様子が伝わるようになると、バルアの信仰がそれらとは異なるということがわかり始めた。「正統な仏教」として上座仏教を求めるようになり、ラウリのラドゥマテ師が中心となって改革運動が進められた。一八五六年から五八年にかけてアラカンの高僧サーラメーダ長老をチッタゴンに招来したことにより、同長老の二年間の滞在中に多数のバルアとチャクマ族が上座仏教信者となった。同長老が一八六四年に比丘の代表団をともなって再訪問したときには、多くのラウリに上座仏教の具足戒が授けられた。この集団改宗によってサンガラージャ派が成立した。一方で、同長老の具足戒を受けなかったラウリたちはマハースタビル派を組織した。

この改革運動の中心人物であるラドゥマテ師は、ミャンマーのペグーで上座仏教の比丘プンニャチャーラ・ダルマダラとなった後、一八六四年から六六年までスリランカに留学した。帰国後は多くのパーリ語や教理を学ぶ学校を開き、弟子たちをスリランカとミャンマーに留学させた。一八七七年にサーラメーダ長老が三度目の訪問を果たしたときに、サンガラージャ派の管長の座はプンニャチャーラ・ダルマダラ長老に譲られ、アラカンの宗派からの独立を果たした。

一方のマハースタビル派は、結成後まもなく二派に分裂し、一九五〇年代から六〇年代に再統合された。同派の改革が進められた結果、今日ではバルアの二つの宗派に大きな違いはないが、マハースタビル派は戒律が緩いという点で批判の対象になることがある。

また、チャクマ族の比丘にはバルアの二つの宗派に属している者がいるが、一方で、近年になってチャクマ独自の二つのサブグループが組織されている。バルアとチャクマの複数の宗派（グループ）に属する比丘もいる。マルマ族とラカイン族にはそれぞれ二つの宗派があり、一部を除いてバルアの宗派とは重ならない。

三、マイノリティとして生きる

福祉活動の推進

バングラデシュがパキスタンからの独立を目指した一九七一年の第三次印パ戦争では、多くのヒンドゥー教徒がインドに逃れたが、一部を除いて仏教徒は国内に留まった。この時、チャクマ族の首長とマハースタビル派の管長ヴィシュッダナンダ長老は、ベンガル人の敵であるはずのパキスタンを支持していた。地元で影響力をもっていた同長老は、人々をパキスタン軍による虐殺から守るために「中国人・仏教徒」と書かれたパスポートを発行し、仏教徒のみならずヒンドゥー教徒やイスラーム教徒をも救ったという。パキスタン側に立ったことを非難する者もいたが、これは人命を守るための、そしてマイノリティとして生き抜くための方便だった。

チッタゴン丘陵地帯における紛争や、それにともなう先住民族の甚大な被害については日本でも報道されたことがある。ベンガル人の入植を進めようとする政府と、それを阻止しようとするチャクマ族を中心とした先住民族との間で内戦状態になった。一九九七年には和平協定が結ばれたものの、その協定の多くが実施されず、政府と先住民族の緊張状態は継続し、今も不安定な情勢のままである。

その影響を受けて、チッタゴン市周辺や首都ダカ市内の寺院には、内戦で親を失った子どもたちのための施設があり、その多くは海外からの経済的支援を受けて運営されている。ヴィシュッダナンダ長老はこのような孤児院や児童養護施設の先駆者でもあり、一九四四年に孤児院を設立している。きっかけは、日本軍によるインド侵攻である。インパール作戦のかたわら、アラカンの飛行場から飛び立った日の丸飛行隊がイギリス軍と戦ったのがチッタゴン上空だった。チッタゴン市内には日本軍墓地があるが、この戦闘の被害者は軍人だけではなかった。

このような背景からマハースタビル派は福祉活動に積極的であり、それに比してサンガラージャ派は消極的だったが、一九九一年のサイクロン被害以降は福祉活動を積極的に支援するようになった。

援助を期待する心理

在家者は、比丘に対して宗教的役割だけでなく、教育と福祉と宣伝といった社会的役割も期待している。教育とは識字教育と普通教育である。公立学校が不足しているため、寺子屋のように宗教者が普通教育もしくはそれに代わる教育を提供することは珍しくない。福祉は児童福祉だけでなく、村や青年団の活動の支援も含まれる。具体的には、村内の道路を補修したり橋を架けたりというインフラ整備や、貧困家庭の少女が結婚するための資金を集めるときにリーダーシップを発揮したり、経済的支援を行ったりということである。比丘には衣食だけでなくお金も布施されるが、このような使い道もあるのだ。宣伝とは、マイノリティであるバルア仏教徒の現状を、国内外のさまざまな人々に知らしめるということで、ここには援助を期待する心理が働いている。

貧困な国で、政府や王族といった保護者を持たない仏教徒としては、自らのコミュニティを維持するためには、自ら福祉を充実させなければならない。そこにはエンゲイジド・ブッディズム（社会参加型仏教）という思想が働いているというよりは、やむにやまれぬ社会的状況と、NGOなどの海外からの支援を活用しようという発展途上国の論理が働いていると言えよう。ただし、そこには批判もある。また、海外からの経済的援助を受けながら自立する道を模索するのではなく、援助に依存するあまり、その援助が減額されたり停止されてしまうと大きなダメージを被ってしまうというケースもある。

四、バルア仏教徒の日常生活

僧院生活

バルア仏教徒の出家者に関する特徴的な習慣として、まず寺院檀信徒による食事当番制がある。スリランカと同様に、特別な行事のときや一部の寺院を除いて托鉢は行われていない。食事の内容は在家者よりも恵まれていて、毎食必ずと言っていいほど肉、魚または卵の料理が含まれる。一部には菜食主義者もいるが、ベンガル地方の習慣では、魚や卵を食べても菜食主義者と言えるのだ。ちなみに、バルアとチャクマ族は牛肉を食べることをほぼタブーにしていて、豚肉を好む（ただし、イスラームの国なので一般には流通していない）。比丘と沙弥は正午以降は固形物を食べられないのだが、ゴマを煎って砂糖で固めたお菓子があって、これは液体のゴマ油と同様のものと見なされて、午後でも食されている。また、タバコや嚙みタバコは普通に口にしている。

僧院の一日は日の出前に始まり、日の出の時間に合わせて出家者たちによる礼拝がある。その後六時から七時頃に朝食をとり、昼食までは各自必要な活動を行う。例えば、檀信徒から依頼された儀礼やその準備、学校で教鞭をとる者や学ぶ者、福祉活動に勤しむ者、そして瞑想に励む者など、さまざまである。正午以前に昼食を終えて、午後も同様に各自の活動を行い、日の入りの時間に合わせて礼拝が行われる。夜も同様だが、おおよそ十時以降に就寝する。

ラウンザン郡の寺院での瞑想会（手前の女性が指導者）

着衣はいわゆる黄衣だが、実際の色は黄土色、オレンジ、茶褐色、赤褐色などがあり、日本の僧階のような色による区別はない。また、スリランカでは両肩を覆う宗派と、片方の肩を出す宗派があるが、バングラデシュではそのような区別はない。また、出家者にも在家者にも、数珠を用いることは必須ではない。

一時出家の習慣はミャンマーのそれと似ている。男子は結婚前に最低一週間は、沙弥（見習い僧）として僧院生活を送らなければならない。タイでは比丘（正式な僧）として僧院生活を送ってから還俗すると社会的評価が向上するようだが、バングラデシュでは落後者と見なされ、逆に社会的評価が下がる。僧院生活者としては、比丘と沙弥以外に「カラガ」がいる。貧困家庭の口減らし、普通教育を受けるため、地元を離れて高等教育を受けるためなど、社会的理由によって僧院生活をする在家者で、寺院の下働きをするかわりに寝食を得るという、あ

バルアの村人たち

る意味で社会福祉的な制度である。

上座仏教に比丘尼が存在しないことは、バングラデシュでも同様である。タイのメーチーやミャンマーのティラシンのように、剃髪して八斎戒を守る「シャドゥマ」という女性がいる。バルアのシャドゥマは、白衣を着て自宅で修行をするので出家者ではない。チャクマ族のシャドゥマは、白衣を着て寺院の一角に建てた小屋に住んでいるので出家者である。マルマ族・ラカイン族の場合は、黄衣を着て、十戒を守って寺院内に住むので、沙弥尼のような存在である。その多くが夫と死別した老女である。

在家者の宗教生活

在家者は毎朝、釈迦仏、シーヴァリー尊者、家の守り神に水と花を供えて恭敬を唱える。

瞑想を好む人もいる。正午前には、仏飯、水、花、灯明、線香が供えられる。彫像や塑像の仏像は神聖なものとされ、不浄な場所である家庭に祀られることはない。家庭には絵像やポスターが飾られて、礼拝の対象となっている。バルア仏教徒が信仰する聖霊は、デーヴァター（家の守り神）とブータ（鬼神）、プレータ（餓鬼）である。ブータやプレータに呪われたと思ったときには、ヒンドゥーの呪医にお払いを依頼する。それでも効果がない場合は比丘の力を借りることがあるが、戒律をよく守っている比丘のほうが呪力が強いと信じられている。そのような持戒比丘によってマントラ（真言）やパリッタ（護呪）が唱えられた白い糸（結婚式で用いられる）を持っていると、呪いなどから護られるという。さらに、特別に比丘に依頼して「カソン」という紐状のものを織ってもらうこともあり、これは強力なお守りになると信じられている。また、先住民族の比丘の一部には占いをする伝統があるが、バルアの比丘は占いをしない。

チッタゴン市郊外にある寺院に、「パグラ・ゴハイン」（直訳すると、狂気の仏）という仏像がある。宗教改革以前から信仰されている親指よりも小さい仏像で、見る人の運勢によって色が変わって見える。不浄なことが起こると木の上や池の中に移動してしまい、行き先を誰かに夢で教えてくれることもあるそうだ。このような不思議な話も信じられている。

パリッタを唱えることで何らかの祈願をする儀礼は、家庭に僧侶を招いて行われる。結婚式、葬式、追善供養だけでなく、日本では神社で祈願されるような、安産、受験や仕事の成功、旅行の安全などでも僧侶が招かれて儀礼が行われる。施主にとっては徳を積む機会でもあり、招待される比丘・沙弥にとっては法を説き、宗教的サービスを実施するだけでなく、食事や布施を得る機会でもある。

年中行事は、ベンガル暦に沿って行われる。大晦日（西暦の四月頃、夏期）には家族で墓参をし、寺院では仏像が水で洗われ、椰子の果汁と牛乳で浄められる。元旦には自宅敷地内で祖先供養が行われ、年長者が年少者から年始の挨拶を受ける。上座仏教の伝統では、正月（バイシャク月、西暦の五月頃）の満月の日は釈迦の生誕・成道・入滅が達せられたとされていて、仏教徒にとって大切な日であり、国の公休日にもなっている。各寺院でブッダ・プージャー（供養）が執り行われ、夜になると村々で歌謡大会や劇が演じられる。西暦の七月から十月は雨期で、僧侶が外出を控える雨安居の時期である。安居の入りと明けには大きな行事が行われる。安居明けの日には、「ファヌス」という直径一～二メートルの紙風船のような気球が打ち上げられる。夜空に多くの白い風船が上がり、熱狂的で幻想的な祭りである。その後一か月間に各寺院で「カティナ衣式」という黄衣を布施する儀礼が行われ、この儀礼に参加すると特に大きな功徳が得られると信じられている。

五、純粋な仏教徒への模索

ヒンドゥー的要素を排除

在家者のインタビューをしているときに、比丘が同席してしまったことがある。私が「手相占いを信じますか？」と在家者に尋ねると、側にいた比丘が「そうではない、カルマ（業）だ。カルマを信じるんだ」とささやき始めた。インタビューとしては失敗だったが、在家者の本音と比丘の理想が交錯する興味深い場面だった。

バルア仏教徒は、バラモンによる占いや呪術的治療を依頼し、お守りを持ち、通過儀礼においてもヒンドゥー的要素の強い行事を行ってきた。特に、美と豊穣と幸運を司るヒンドゥーの女神・ラクシュミー（日本では、吉祥天）へのプージャーは好んで実施されていた。このような行為は、仏教徒としてのバルアのアイデンティティを弱体化させるものとして、徐々に排除されてきている。

シーヴァリー尊者への供養

そのなかでバングラデシュの仏教の特徴とも言えるのが、「利得第一　シーヴァリー尊者」へのプージャーである。経済的繁栄を祈願することを目的とし、ラクシュミー・プージャーをはじめとしてヒンドゥー的儀礼をバルア仏教徒の生活から排除するために、意図的に広められた仏教的プージャーである。遅くとも一九四〇年には始められ、一九九〇年代以降盛んに実施されるようになった。さらに、先住民族の間にも波及している。

パーリ仏典によれば、シーヴァリー尊者はコーリヤ王の孫にあたり、母スッパヴァーサーの胎内に七年間留まり、産気づいてから七日間かけて難産の末に生まれて、長じてサーリプッタの導きによって出家した。托鉢に出ると大量の布施が集まったという。

茶店に祀られた釈迦仏絵像（左）とシーヴァリー尊者絵像（右）

この尊者の絵像や塑像は、スリランカとミャンマーでも見られるのだが、二つの国で表現が全く異なっている。スリランカでは、左手の上にのせた鉢に右手を入れて趺坐している坐像として描かれるのに対して、ミャンマーでは、右手に杖を、左手に扇を持った立像として描かれる。バルアの間では圧倒的にスリランカ式の絵像が多く、自宅や商店や寺院で祀られ、寺院では塑像として釈尊の脇侍に配される。

自宅や商店や寺院などでの日常的な礼拝だけでなく、自宅で周到な準備をして、比丘や知人を多数招待してシーヴァリー・プージャーが催されることもある。経済的繁栄を祈願するために、かなりの費用をかけて準備をする。このときには、釈迦仏とその弟子たちとシーヴァリー尊者が描かれている特別なテントが庭に張られる。彼らにとって清浄な時間だとされる未明から朝にかけて、果物や野菜がきれいにカットされ、過去二十八仏の名札の前に供えられる。比丘たちが揃うと儀礼が始まる。まるで結婚式のように、わざわざビデオ撮影をすることもある。

バルアのアイデンティティ

イギリス統治時代初期（十八世紀後期）には、バルアたちは仏教徒でありながら、その宗教的伝統も教義も曖昧だと感じていた。その後、上座仏教に改宗してからも、長年浸っていたヒンドゥー文化から抜け出ようともがきながら、ヒンドゥー教徒とは異なる独自性を強調しようとしていたと思われる。

使用言語や通過儀礼においてはもともとヒンドゥー教徒と共通点が多いのだが、葬儀や結婚式では改革が進み、比丘を招待することで仏教的儀式を演出している。伝統的に牛肉を食べることがタブーだったにもかかわらず、敢えて牛肉を食べることで「ヒンドゥー教徒ではない」ことを主張する者もいる。比丘や熱心な檀信徒たちは、バルア仏教徒が占いを信じないように教化したり、ヒンドゥーの女神・ラクシュミーの代替として、仏弟子のシーヴァリーへのプージャーを広めている。

バルアの宗教改革は、百五十年以上かけて延々と続けられてきている。上座仏教という枠組みを得た後も、生活におけるヒンドゥー的要素を一つずつ排除しながら〝仏教化〟している。純粋な上座仏教徒を目指している、と言えよう。

現代の仏教徒たちと「不可触民」解放運動

根本　達

一、はじめに

仏教の開祖であるブッダは、紀元前六世紀から紀元前四世紀頃を生き、現在インドと呼ばれる地域において教えを説いた。その後、仏教は、一部の地域を除いてインドの表舞台から姿を消したとされる。二十世紀半ば、そのインドのナーグプル市において、三十万人以上の「不可触民」が仏教へ集団改宗した。この集団改宗を率いたのは、インドの仏教徒たちから「偉大なる父」と呼ばれるB・R・アンベードカル博士である。現在のインドには一千万人から一億人以上の仏教徒が存在すると言われ、インド政府の二〇〇一年国勢調査によると、仏教徒の約七三パーセントは、アンベードカルによる集団改宗式が行われたナーグプル市のあるマハーラーシュトラ州で暮らしている。これらの仏教徒たちは日々の生活のなかで、「アンベードカルの勝利」を意味する「ジャイ・ビーム」

と挨拶を交わしている。また、集団改宗式の場所である「改宗広場（ディクシャ・ブーミ）」には巨大な仏塔が建てられ、仏教徒たちの聖地となっている。

二、B・R・アンベードカル博士と仏教への集団改宗

アンベードカルによる差別撤廃への取り組み

アンベードカルは一八九一年、「不可触民」の一つとされるマハール・カーストの家に生まれた。インドにおける「不可触民」とは、葬式などにおいて死のケガレを受け入れ、創造的な力に転換できる一方、カースト・ヒエラルキーにおいて最下層に位置付けられ、「不浄」とみなされる両義的な存在とされる。アンベードカルも学生時代から数多くの差別を経験したが、学業において優秀な成績をおさめ、アメリカとイギリスに留学し、イギリスでは弁護士の資格も獲得した。インドに帰国した後、アンベードカルは一九二〇年代半ばから「不可触民」解放運動を開始し、ヒンドゥー教徒としてヒンドゥー社会改革に取り組んだ。アンベードカルは「不可触民」たちを率いて、「不可触民」の立ち入りが禁じられていたヒンドゥー寺院や、使用が許されなかった貯水池の開放運動を行うとともに、「不可触民」への差別を撤廃する方法を巡って、ガンディーと激しく対立するなどした。

しかし、寺院立ち入り運動などが失敗に終わったため、アンベードカルはヒンドゥー社会改革を

断念することになった。そして一九三五年、「私はヒンドゥー教徒として死なないことを正式に宣言する」と述べ、ヒンドゥー教からの改宗を宣言した。改宗宣言後、アンベードカルは、『カーストの絶滅』や『国民会議派とガンディーは不可触民に何をしたか』といった著作を発表し、ヒンドゥー教やガンディーを厳しく批判するとともに「独立労働党」を結成し、「不可触民」による政

▲現地で流通しているアンベードカルの肖像画

ナーグプル市近郊の農村にある仏教寺院とアンベードカルの像

治権力の獲得を目指した。一九四七年八月にインドが独立を果たすと、アンベードカルは、第一次ネルー内閣の法務大臣に就任するとともに、憲法起草委員会の委員長に任命された。そして、一九五〇年に施行されたインド憲法には、「カースト差別の禁止」「不可触民制の廃止」「社会的弱者層への優遇措置」が定められることになった。

「不可触民」による一九五六年集団改宗

一九五〇年代になると、アンベードカルは仏教への改宗の準備を着々と進めていった。『仏教とその宗教の未来』といった著作を発表するとともに、スリランカやビルマの仏教徒大会に参加し、一九五五年には「インド仏教徒協会」を立ち上げた。一九五六年になると、同年十月十四日にナーグプル市において改宗式を実施することを正式に宣言した。アンベードカルの考えは、彼が主宰する会議や機関誌だけでなく、演劇や歌などを通じて「不可触民」たちの間に広まっていった。そして一九五六年十月十四日、アンベードカルはナーグプル市において、マハール・カーストを中心とする、三十万人以上とされる「不可触民」とともに仏教へ集団改宗した。しかし、アンベードカルはこの約一か月半後の十二月六日に死去し、翌年、アンベードカルの著作『ブッダとそのダンマ』が出版された。

インド政府の一九六一年国勢調査によると、インド全土における仏教徒の数は、一九五一年には十八万八二三人だったものが、一九六一年には三二五万二二七人に急増した。また、インド全人口に占める仏教徒の割合が〇・〇五パーセントから〇・七四パーセントに増加した一方、ヒンドゥー教徒の割合は、八四・九八パーセントから八三・五一パーセントに減少した。同様に、マハーラーシュトラ州人口における仏教徒の数は、二四八七人から二七八万九五〇一人に急増し、マハーラーシュトラ州人口に占める仏教徒の割合が〇・〇一パーセントから七・〇五パーセントに増加した一方、ヒンドゥー教徒の割合は、八九・五〇パーセントから八二・二四パーセントに減少した。

現在、これらの仏教徒を指し示す名称として「新仏教徒」という呼び名があり、日本においても使用されているが、現地の仏教徒たちは、この名称を蔑称としてとらえている。例えば、現地の仏教徒たちは、「海外の仏教徒たちは、インドの仏教徒を「新仏教徒」と呼ぶことにより、インドの仏教徒が「不可触民」であることを暗に示唆し、同じ仏教徒として認めていない」と述べ、「新仏教徒」という呼び名を批判している。

日本人仏教僧・佐々井秀嶺の登場

一九六〇年代になると、仏教徒の指導者層は政治権力の獲得に取り組んだが、インド独立運動を率いた国民会議派の圧倒的な力の前で分裂を繰り返していった。また、アンベードカルが一九五六年集団改宗の直後に死去したため、仏教徒たちは、仏教徒としてどのような儀礼や祝祭を行うべきかわからず、仏教の復興を進めることもできなかった。このような状況のなか、日本人の仏教僧・佐々井秀嶺は、アンベードカルについても、ナーグプル市の仏教徒たちについても、ほとんど何も

日本人仏教僧、佐々井秀嶺

知らないまま、仏教徒たちの前に登場することになった。

佐々井は一九三五年に岡山県に生まれ、一九六〇年に出家した。一九六五年にタイに留学し、その二年後にインドに渡った。一九六八年、ラージギルにおいて、紀元後一五〇年から二五〇年を生きた竜樹から「汝、南天竜宮城へ行け」とのお告げを授かり、ナーグプル（南天＝南方インド、竜＝ナーガ、都＝プル）市に降り立った。ナーグプル市に到着後、石を投げられたり人力車を倒されたりしながらも、仏教寺院の建立や日常的な仏教儀礼の普及に取り組み、何年もかけて仏教徒たちに受け入れられていった。そして仏教徒たちによる大規模な署名活動の結果、佐々井は、一九八八年にインド国籍を取得するに至った。

佐々井はインド各地において大規模な改宗式を執り行うとともに、ブッダガヤにある大菩提寺の管理権を仏教徒の手に移すため、一九九二年から大菩提寺奪還運動を開始した。そして二〇〇九年に一時帰国するまで、日本に一度も帰ることなく、仏教徒たちとともに、ヒンドゥー教から仏教への改宗による「不可触民」解放運動に取り組んできた。佐々井は、一九六八年に竜樹からお告げを受けた「原体験」、差別に苦しむ仏教徒たちに抱いた「同情」、そして、アンベードカルと仏教徒たちを「地湧の菩薩」ととらえる仏教への「信仰」から、四十年以上にわたり、仏教徒たちとともに生きている。

三、アンベードカルの教えと仏教徒たちの取り組み

アンベードカルの教えによる差別からの回復

「不可触民」たちを集団改宗に導いたアンベードカルの死後、ナーグプル市の仏教徒たちは、『カーストの絶滅』や『ブッダとそのダンマ』といったアンベードカルの著作を読み、彼の教えを学んでいる。アンベードカルの教えの特徴は、第一に、ヒンドゥー教を「差別と迷信の宗教」ととらえる一方、仏教を「平等と科学の宗教」とすることにある。これにより、仏教に改宗することは「差別と迷信のヒンドゥー教」を離れ、「平等と科学の仏教」を信仰することを意味するようになる。第二に、アンベードカルは、インドの歴史を「先住民である仏教徒」と「侵略者であるヒンドゥー教徒」の対立であるととらえ、対立に敗れた前者が「不可触民」にされたとする。アンベードカルによると、「不可触民」が仏教に改宗することは、宗教を変えるのではなく、もともとの宗教に戻

ることを意味している。このようにアンベードカルの教えは、ステレオタイプ化された否定的な意味をヒンドゥー教に付与する一方、それとは相反するものとして仏教を肯定するものであり、本質主義的な側面を有していることがわかる。

そして現在の仏教徒たちは、アンベードカルの教えを学ぶことにより、それぞれの差別の経験から回復することができる。例えば、ある仏教徒は学生時代、仏教徒（または「不可触民」）であることを理由にいじめを受けていたが、アンベードカルの教えを通じて、自分が差別を受ける「理由」を、ヒンドゥー教徒が「差別と迷信のヒンドゥー教」を信仰していることにあると考えるようになった。現在、彼は自らが「平等と科学の仏教」を信じる仏教徒であると考え、仏教やアンベードカルの教えを広めるために熱心な活動に取り組んでいる。ナーグプル市では、アンベードカルの著作だけでなく、仏教徒活動家の演説や仏教徒団体が配布する小冊子などを通じてアンベードカルの教えが広まっており、仏教徒たちがアンベードカルの教えを繰り返し語る場面を頻繁に目にすることができる。

ナーグプル市における仏教文化の創造

一九五六年の集団改宗以降、仏教徒たちはアンベードカルが改宗式で読み上げた「二十二の誓い」を基礎として、仏教文化の創造に取り組んでいる。この「二十二の誓い」の内容は、ヒンドゥー教の神や儀礼を破棄し、仏教の五戒などを順守することを誓い、仏教への改宗を宣言するものである。改宗以降、仏教徒たちは自分の家の祭壇からヒンドゥー教の神や聖人の像を取り除き、ブッダやアンベードカルの像を置くとともに、ヒンドゥー教の寺院を取り壊し、仏教寺院を建立した。また、仏教徒たちはヒンドゥー教の祝祭に参加することを止め、仏教の祝祭を行うようになった。現在、とくに盛大に祝われる仏教の祝祭は、アンベードカル生誕祭、ブッダ生誕祭、佐々井生誕祭、改宗記念日、アンベードカル入滅日である。このなかで最も重要な祝祭は、一九五六年の集団改宗式を祝うために行われる改宗記念日である。改宗記念日は毎年、アーシュヴィナ月（九月から十月）にナーグプル市内にある改宗広場で行われる。改宗記念日は三日間にわたって開催され、その式典には、マハーラーシュトラ州を中心としてインド全土から、数万から数十万人の仏教徒たちが参加している。

改宗広場において、改宗記念日の式典に参加する仏教徒たち

　また仏教徒たちはヒンドゥー教の儀礼を止め、仏教の儀礼を

仏教寺院において朝夕の勤めに参加する仏教徒たち

行うようになった。現在、ナーグプル市で頻繁に行われる儀礼は「朝夕の勤め」と「守護紐儀礼」であり、両者ともに、佐々井が中心になって仏教徒たちの間に広めたものである。朝夕の勤めとは、毎日の朝と夕方に仏教僧がブッダ生誕祭などにおいて執り行う勤めであり、ブッダ生誕祭などにおいては、多いところでは数百名の仏教徒たちが勤めに参加する。また、守護紐儀礼とは、主にそれぞれの仏教徒家庭で行われ、仏教僧が経文を読み上げた後、白い紐を仏教徒の右手に巻く儀礼である。

仏教徒たちを繋ぐ、グローバル・ネットワーク

現在、仏教徒たちはさまざまな仏教団体を組織し、ブッダやアンベードカルの教え

仏教僧による守護紐儀礼に参加する仏教徒

を広め、仏教を復興する活動に取り組んでいる。これらの団体のなかには、ナーグプル市内を中心に活動するもの、インド国内と国外の両方で活動するもの、インド国外を中心に活動するものなどがある。

第一に、ナーグプル市内を中心に活動する団体は数多く存在する。例えば、「仏教寺院友好サンガ」は、ナーグプル市内に二五〇以上あるとされる仏教寺院のネットワーク作りや、閉じられている仏教寺院の活動を再開する取り組みを行っている。また仏教研究集会を開催し、ブッダ生誕祭や改宗記念日などにおいて、ブッダやアンベードカルの教えが書かれた小冊子を無料配布するなどしている。

第二に、インド国内と国外の両方で活動する団体として、「アンベードカル博士・

インターナショナル・ミッション」が存在する。この団体はアンベードカルの教えをインド国外や国内に広めるネットワーク組織として、一九九四年にマレーシアのクアラルンプールにおいて結成された。現在、北米や東南アジア、中東などの国外、また、チェンナイ市やナーグプル市などの国内に支部が存在する。

第三に、インド国外を中心に活動している団体として、「アンベードカル・センター・フォー・ジャスティス・アンド・ピース」がある。この団体は、北米で暮らしているマハーラーシュトラ州出身の仏教徒たちによって結成された組織である。一九九一年頃から国連の会議に参加し、また、コロンビア大学においてアンベードカル生誕祭を主催するなど、アメリカを中心に積極的な活動を行っている。また日本からも、仏教僧、ジャーナリスト、研究者、学生などがナーグプル市を訪れており、そのなかには、佐々井による活動や仏教徒の生活を支援する人々もいる。

四、仏教徒たちのジレンマと佐々井による救済

貧困や病気に苦しむ仏教徒たちのジレンマ

アンベードカルの教えは、「不可触民」として差別されてきた仏教徒たちに、「平等と科学の仏教徒」という肯定的なアイデンティティを与え、差別の経験から回復させるものであるが、その一方で、仏教徒たちは、必ずしも差別のみに苦しんでいるわけではない。医者やエンジニア、大学教授

となり、経済的に豊かな生活を送っている者もいるが、ナーグプル市の仏教徒たちの多くは、市内にある経済的に貧しい地区で暮らしている。こうした仏教徒のなかには、公務員や三輪タクシーの運転手、日雇い労働者として働いている者もいれば、不法な高利貸しの取り立てや窃盗によって生計を立てている者もいる。また、仏教徒居住区の多くは政府が供給する飲料水などの衛生状態がとくに悪く、住民たちは、黄疸や肝炎、マラリアなどの病気に悩まされている。このように仏教徒たちは、差別だけではなく、貧困や病気に苦しみ、犯罪に巻き込まれることもある。このため仏教徒でありながら、ヒンドゥー教の神々や聖人に礼拝を行い、超自然的な力を受け取り、貧困や病気から逃れたいと考える人々もいる。こうした人は、ブッダやアンベードカルの像を居間などに置いている一方で、ヒンドゥー教の神々や聖人の像を家の奥に隠している。

しかし、アンベードカルの教えは、ブッダを「超自然的な力を有する神」ではなく、「進むべき道を教える教師」と説くものであり、仏教徒が他宗教の神々に超自然的な力を求めることは、アンベードカルを裏切る行為とみなされている。アンベードカルの教えは他の宗教に対して排他的な側面を有しており、その教えを絶対視する活動家たちは、仏教徒の家々からヒンドゥー教の神々や聖人の像を回収する取り組みを行っている。そしてこれらの活動により、病気や苦悩を抱える仏教徒たちは、神や聖人から超自然的な力を受け取る機会を失うことになる。このように、貧困のなかで病気に苦しむ仏教徒たちは、経済的な理由から自らの病気に対処することが困難であるだけでなく、超自然的な神の力を否定するアンベードカルの教えにより、神の力を通じて自らの病気や苦悩から逃れることができなくなり、ジレンマに陥ることになる。

佐々井の思想と実践による救済

佐々井はアンベードカルやナーグプル市の仏教徒についてほとんど何も知らないまま、一九六八年にナーグプル市に登場し、貧しい仏教徒居住区において仏教徒たちと暮らしながら、自らの思想と実践を練り上げてきた。佐々井は「差別即平等、平等即差別」とし、「現実世界の差別の側面を見れば平等が現れ、平等の側面に目を向ければ差別が現れる」と述べる。そして、「差別に抗する闘争と、差別する者も受け入れる平等を徹底すべき」とする。

具体的に述べれば、第一に、佐々井の闘争の思想と実践は、アンベードカルの教えと自己犠牲を基盤としている。佐々井はアンベードカルの教えに強い影響を受けており、アンベードカルの仏教こそが「不可触民」を解放できると考え、自らの仏教を「闘争仏教」と呼んでいる。そして佐々井は、他者への暴力行為といった他者否定ではなく、市中行進、無期限坐り込み、断食などの自己犠牲を通じて、四十年以上にわたって差別との闘争を続けている。

第二に、佐々井の平等の思想と実践は、自分の生命と他者の生命を同じものとしてとらえるものである。佐々井は、「自分の生命も相手の生命も、すべてが「オーム」の一音である。優れた者も劣った者も、心臓の鼓動も川のせせらぎも、真正の声である「オーム」を唱えている。対立する音、闘争する音、弾圧する者の言葉も、すべてが「オーム」の一音となり、憎むということがなくなる」と述べる。そして佐々井のもとには、仏教徒だけでなく、病気や苦悩を抱えるキリスト教徒やジャイナ教徒も訪れている。佐々井はどの宗教を信仰しているかにかかわらず、すべての弱き人々を受け入れ、これらの人々のために経を唱え、祝福を与えている。この時、貧困や病気に苦しみ、超自然的な力を求める仏教徒たちは、アンベードカルの教えを裏切るものとして批判されるのではなく、弱き者として救いの対象となる。このように、佐々井はアンベードカルの教えを受け継ぎ、仏教徒への差別撤廃に取り組むとともに、平等の思想と実践を練り上げ、貧困や病気に苦しむ人々を救い出している。

五、おわりに

インドの仏教徒たち（または「不可触民」たち）による「不可触民」解放運動は、一九二〇年代半ばにアンベードカルが取り組みを開始して以来、八十年以上にわたって続いてきた。そして、集団改宗式が行われた一九五六年十月十四日は、仏教徒たちにとって最も重要な日として記憶されている。現在、実際に集団改宗式に参加した仏教徒は、ほとんどが七十代以上となっており、「不可触民」解放運動に積極的に参加しているのは、三十代から五十代の仏教徒たちである。これらの仏教徒たちは、仏教へ改宗したのではない。「不可触民制の廃止」が憲法に記載されるとともに、仏教儀礼の普及などの仏教復興が進むなかで、仏教徒として生まれた世代である。そして、現在のナーグプル市で生きている仏教徒たちは、アンベードカルの教えを通じて差別に抗するアイデンティティを手に入れるだけでなく、アンベードカルの教えを絶対視することによるジレンマにも直面している。グローバル化などの影響を受け、仏教徒たちを取り巻く環境が大きく変化しているなか、差別に抗するアンベードカルの教えとともに、弱き人々を救済する佐々井の思想を引き継ぐことは、インドの仏教徒たちにとって重要な取り組みの一つであると考えられる。

2

戦乱と弾圧をくぐりぬけた仏教

多様な仏教の継承と発展

大西和彦

一、多様なベトナム仏教

ベトナムは、インドのヒンドゥー文化圏と、漢字文化圏の中心である中国の中間に位置し、双方から長期にわたって影響を受けている。そのためベトナム仏教も、各地の地理条件や歴史の経緯ともあいまって、さまざまな形態を示している。ベトナム仏教は、漢文経典を用いる北宗《バックトン》と呼ばれる大乗仏教が中心であるが、南部には南宗《ナームトン》と呼ばれるパーリ語経典を用いる上座部仏教、さらにホアハオ（和好）仏教のような新興仏教もあり多様である。二〇〇四年版のベトナム政府宗教委員会による宗教統計では、仏教徒は九〇三万八〇六四名、ホアハオ仏教徒一二三万二五七二名、僧尼は北宗二万六二六五名、南宗八四九〇名、ホアハオ仏教一五五四名を数えている。仏寺数は北宗一万四六〇五か寺、南宗六二九か寺、ホアハオ仏教三十五か寺である。現在このようなベトナム仏教界は、一九八一年に成立し、ハノイ市のクアンスー（館使）寺に本拠を置くベトナム仏教教会に統合されている。

二、ベトナム仏教の特色と仏教振興運動

代表的な仏教教理

ベトナム最古の阿弥陀如来坐像（ファッティック〈仏跡〉寺／バクニン省）

中国属領期（紀元前一一一～紀元後九三八頃）初期に仏教はまずインドから海路により、次いで中国からベトナムに伝播した。仏教教理としては浄土・法華・密教・禅が普及している。

浄土信仰について『高僧伝』（五一九年成立）は、交阯（ベトナム北部）の仙山寺で曇弘《どんこう》（?～四五一）が『観無量寿経』『無量寿経』を唱え、ついに焼

身供養を行ったと記している。この仙山寺は、仙遊山と呼ばれた現在のバクニン省ファッティック（仏跡）山にあった寺院群の一つと思われる。寺院群の中心であるファッティック寺には、唐代に造られたベトナム最古の阿弥陀如来坐像が現存し、浄土信仰のなごりを留めている。

法華信仰は独立王朝の李朝（一〇〇九～一二二五）において、一〇三四年に宝性《バオティン》と明心《ミンターム》の二僧が『法華経』薬王品に従い焼身供養を行ったことに象徴される。また同王朝は『法華経』見宝塔品に基づいて、釈迦如来と宝生如来を安置する大塔を各地に建立した。

密教も盛んに信仰された。九七三年、丁朝（九六八?～九八〇）の都の華閭（現、ニンビン省ホアルー県）に、地獄の亡者を救済する仏頂尊勝陀羅尼を刻む石の経柱百基が建立された。陳朝（一二二五～一四〇〇）の仁宗皇帝《ニャントン》（在位一二七八～一二九三）は退位後、イエントゥー（安子。現、クアンニン省）山で出家し、臨済禅系竹林派を開創した。しかし同派第二祖の法螺《ファップロア》（一二七八～一三三〇）が住持をつとめた寺では、『阿弥陀経』『般若心経』以外は消災吉祥陀羅尼などの真言のみが唱えられている。

結局、北部ベトナムの臨済禅は十七世紀に中国福建出身の拙公《せっこう》（一五九〇～一六六四）が、曹洞禅は中国の鳳凰山（浙江省）で修行したベトナム僧の水月《トウイーグェッ》（一六三六～一七〇四）が広めている。

仏教と儒教・道教の融合

儒教・道教との融合もベトナム仏教の顕著な特色である。ベトナムにおいて、儒教とその中核の

施餓鬼（チュンシン）の儀礼（ホアィエン〈花烟〉寺／クアンニン省イェントゥー〈安子〉山）

一つである祖先祭祀は長く定着しなかった。ようやく十四世紀頃に、陰暦七月十五日の盂蘭盆会のような仏教祭祀とともに、祖先祭祀が一般にも普及するようになった。また、前に述べた拙公が、十七世紀に儀礼書『水陸諸科』に基づく施餓鬼供養を普及させた。そのため現在も、祖先祭祀は「チュンシン（衆生）」という語で呼ばれる施餓鬼供養と併せて行われている。

道教と仏教の融合はさらに顕著である。遅くとも十三世紀後半には仏僧と道士を兼任する仏僧が現れる。十六世紀頃からは仏寺内に玉皇上帝などの道教神が合祀された。そして陰暦一月十五日の上元節には、仏僧も道教神を祀って星祭を行った。この行事は現在も中元節盂蘭盆会とともに、仏寺の主要年中行事である。このような道教儀礼を行う場合、仏僧は「正一法師」など道士の称号を名乗っている。

仏教振興運動

しかし、このような他教との混合によってしだいに仏僧は呪術師との区別がつかなくなっていった。同様の状況を持つ中国仏教界は二十世紀初頭、これを堕落として刷新運動を開始している。これに刺激を受け、ベトナム仏教界も「仏教振興運動」を繰り広げた。この運動は僧尼の仏教教理再学習の場所の創設や、学習が容易なアルファベット表記のベトナム語による出版物などによって進められ、一九〇六年には、南部最初の仏教学校が現在のベンチェー省のトゥエンリン（宣霊）寺で開校した。北部では一九三四年に現在のハノイ市のクアンスー寺で北圻仏教会が組織されるとともに、僧尼の学校も併設された。また同市のボーデー（菩提）寺に尼僧学校が設けられている。

三、社会主義政権下の北部仏教

信仰の自由の保障

一九三〇年に結成され、一九四五年にベトナム民主共和国（北ベトナム）を樹立したインドシナ共産党（一九五一年二月にベトナム労働党と改称、一九七六年十二月にベトナム共産党と再度改称）は、党勢拡大のため、一九三〇年十一月三十日に出された中央常務指示以来、一貫して信仰の自由を標榜している。そして一九四五年十一月二十三日付けの臨時政府主席令第六五号で、寺廟などの宗教施設およびその祭具と文書の破壊を禁じた。一九四六年十二月十八日の臨時政府主席令第二二号では、仏誕会（四月八日）、中元節（七月十五日）、釈迦成道会（十二月八日）も国の祭日とした。さらに一九五五年六月十一日にホーチミン（一八九〇?～一九六九）は、主席令第二三四号で信仰と祭祀の自由および無信仰の自由、宗教施設での説教・出版・宗教学校設立の自由、宗教組織の財産保障など、具体的な保護政策を定めた。

ホーチミンと仏教

ホーチミン自身も一九四六年一月五日に、ハノイ市のボーデー寺で政府要人とともに独立祈願を行うなど、しばしば仏寺に赴き僧尼に祖国への協力を呼びかけた。晩年の一九六四年九月二十八日には、第三回ベトナム統一仏教代表者会議で、「利楽群生、無我為他（群生を利楽せしめ、我を無くし他のために為せ）」という『無量寿経』や『法華経』などに見られる仏教用語を交えて、僧尼に祖国統一への協力を求める演説を行っている。

このようにホーチミン自身や社会主義政権の仏教に対する親和政策は、原則として常に維持されている。しかし、長期にわたるフランス・アメリカとの戦争と計画経済の停滞は、社会主義政権に敵対する勢力による宗教利用への警戒感と極度の倹約政策とを強化させ、それらが実際の宗教政策施行にも影を落とした。

ドイモイ政策期以前の仏教政策

社会主義政権の諸政策は、一九八九年のドイモイ（刷新）政策の施行以前と以後では大きく異なり、仏教政策も同様である。

一九四五年以降、社会主義政権下の北ベトナムでは仏僧も徴兵され、北部の少なからぬ仏寺が無住になった。それらが学校などに転用され、あるいは「仏寺統合」の名目で破壊されてしまったケースも多い。

さらに、一九七五年四月三十日に南北ベトナムは統一されるが、その直前の一月十五日に出されたベトナム労働党中央委員会指示第二一四号と三月十八日の政府会議決定第五六号に示された迷信排除政策は、仏教信仰にも強い影響を及ぼすこととなった。

迷信排除政策と仏教

その迷信排除政策の状況は、一九八六年三月にハノイで再版された『迷信異端　除去すべき一社会弊害』というパンフレットによっても知ることができる。これによると、仏教信仰にもさまざまな制限が加えられている。たとえば、すでに述べたようにベトナムの仏寺には道教神が合祀されていたが、迷信として道教神の除去が奨励されている。またベトナム仏教では、葬儀のあと三日目・五十日目・百日目の法要がある。これは日本の初七日・四十九日・百か日の法事に相当するものであるが、このような法要も禁止された。一九七七年四月五日の文化省指示第五四号では、仏寺の縁

死者を浄土へ送る「般若橋」と呼ばれる長い布（画面右側の女性たちの頭上に見られる）を担ぎ葬儀に参列するバーヴァイ（ハノイ市）

日の祭礼を取りやめることを定めている。

しかし、先のパンフレットが記す一九八〇年代初頭までに行われたとみられる社会学調査では、調査対象の知識人の二三パーセント、公務員の六四パーセント、労働者の八三パーセントが、習慣に従って毎月一日と十五日に神仏への礼拝を行っていた。さらに毎年一月十五日と七月十五日の神仏への礼拝は、知識人の家庭で六二パーセント、公務員の家庭で七一パーセント、労働者の家庭で七八パーセント行われている。この調査には、さまざまな制限の下でも信仰を堅持する人々のしたたかさが示されている。さらに、この時代はバーヴァイと呼ばれる女性在家仏教徒が活躍した。彼女たちは無住寺院の管理や法要を代行するなど、仏教界を底辺で支えた。

長い停滞の末、一九八六年十二月に社会主義政権はドイモイ政策を開始する。その一環として宗教信仰への制限緩和も行われた。そして、一九九〇年代に再びベトナム仏教は活況を取り戻すのである。

四、在家仏教徒が活躍する中部仏教

チャム族と阮氏広南国の仏教

九世紀頃、ベトナム中部の原住民チャム族の国チャンパには、密教や浄土信仰が存在していた。しかし、チャム族の信仰はヒンドゥー教、さらにイスラム教に変わっていった。

中部の仏教は十六世紀以降に中国広東出身の原韶《げんしょう》（一六四九〜一七三九）等が臨済宗を、同じく広東出身の石濂《せきれん》（一六三三〜一七〇四）等が曹洞宗を広めることによって再興された。さらに正統王朝の黎朝（一四二八〜一七八九）から独立して中部を支配した阮氏《げんし》広南国《こうなんこく》（一五五八〜一七七七）は、儒教の正統論から異端視されるのを避けるため、統治思想を仏教に求めた。また王を神と崇拝する原住民チャム族の文化に影響を受けた広南国の王は、法王としても宗教界に君臨し仏教の振興につとめた。また一般官僚が僧官や道官という宗教官僚を兼任する事例も顕著に見られた。これは後代の中部において、在家仏教徒が活躍する大きな素地となったと思われる。

施餓鬼（チュンシン）の粥供養（念仏堂／フエ市）

施餓鬼（チュンシン）の祈禱（念仏堂境内／フエ市）

仏教振興運動と家庭仏子

二十世紀になると中部でも仏教振興運動が始まった。一九三二年には安南仏学会が組織され、フエ市のチュクラム（竹林）寺に本拠を置いた。その寺院は念仏堂《ニエムファッドウォン》と呼ばれる。この組織の特色は、青少年の仏教信徒の育成が図られたことである。まず一九三五年頃にフエ市で仏教童幼年班が結成された。これは一九五一年に家庭仏子《ザーディンファットゥー》と改名され、活動は全国に広まった。この団体は六歳から二十二歳の青少年で構成され、仏事への参加、地域の清掃などの社会奉仕やキャンプなどの団体活動を通して、仏教徒育成に貢献している。

盛んな仏教信仰を背景にして、中部仏教界は現代の名僧を輩出した。特にカインホア省出身のティック・クアン・ドゥック（釈広徳、一九一七～一九六三）は名高い。師は一九六三年六月十一日、南ベトナム政府大統領でカトリック教徒のゴー・ディン・ジェム（一九〇一～一九六三）政権の仏教弾圧に対し、仏教興隆を祈願して焼身供養をサイゴン市（現、ホーチミン市）で行った。師がベトナム仏教伝統の焼身供養を現代に再現したことは、世界に大きな衝撃を与えた。

五、多様な南部仏教

クメール人と華人の仏教

メコンデルタ地帯を中心とするベトナム南部は、十七世紀に華僑やベトナム人が南下するまではクメール人の居住地であった。この地域がベトナムの版図となった後も、メコン・デルタ南部の現在のソクチャン省を中心に、パーリ語経典を用いる上座部仏教（南宗）が展開している。同省の寺院には、一五六九年建立のマハートゥップ寺のような古寺も多い。

寺院の住持はダイドゥック（大徳）、僧はサイーまたはサマネラと呼ばれるが尼僧はいない。また、アチャという男性在家仏教徒が仏寺に居住して庶務を行っている。

南部華人仏教は、一七四四年に華僑李瑞隆《りずいりゅう》が現在のホーチミン市に覚林寺を建立したことに始ま

ベトナム南部の代表的クメール寺院マハートゥップ寺（ソクチャン市）

る。初代住持の円光《ビエンクァン》（?〜一八二八）は臨済禅を広めたが、同寺は阿弥陀信仰の道場でもある。十八世紀中頃、カンボジア国境に近い河仙鎮（現、ハティエン省）の僧は、曹洞宗の大道場である広東の海幢寺（現、広州市）に赴き、戒律や読経の声調を学んだ。一九七二年には華宗仏教教会が創設されている。現在、ホーチミン市を中心とした華人仏教界には、臨済・曹洞・浄土・華厳宗があり、主に広東語で読経される。

　このようなクメール人と華人には信仰の共有が見られる。現地調査を続ける福岡大学の中西裕二教授は、一九七五年の迷信排除政策で無住になった華人の神廟でクメール僧が読経をしている例や、火葬を原則とするクメール僧が華人の土葬に参列する実例などを指摘している。

新興仏教教団① ベトナム救済道居士仏教会

ベトナム人にとって南部は新たな移住地である。そのため北部の仏教を背景にしながらも、新しい教理を持つ仏教教団が現れた。

まず一九三四年二月二十二日に、男性在家仏教徒によるベトナム救済道居士仏教会がミンチー（明智）宗師（?～一九七二）によって開かれた。教理は浄土信仰を基盤としている。そして施薬行為の実行からはじめて他者への慈悲博愛と福徳が生まれ、その福徳が施薬者にも及ぶという、「福寿双収」を教理とする。そして、ベトナムの伝統薬「南薬」を施薬する薬局兼仏寺を建立して教理を実践している。現在この薬局兼仏寺は一九九か寺、医療担当者約六百名、信徒指導居士は約三千名を数える。この施薬行為は社会主義政権にも認められ、一九七六年十月十三日に厚生省活動許可証第八三号を受けた。

新興仏教教団② ホアハオ（和好）仏教

政治活動により南部社会に大きな影響を与えた教団は、ホアハオ仏教である。この教団は一九三九年に、聖地タット（七）山（現、アンザン省）の修行者フィン・フー・ソー（黄富楚、一九二〇～一九四七）によって創始された。ホアハオ仏教という名称は、教祖の出身地ホアハオ村（現、アンザン省）にちなむ。十九世紀末に成立した臨済系の宝山《バーオソーン》奇香《キーフーン》派を継承して、讖語（予言）と四恩（祖先、国土、同朋、三宝への恩）を重視する。また南無阿弥陀仏を唱えるなど、浄土教の影響もある。道徳修養をして後、はじめて仏教を学べると説く教理「学仏修人」は、勤勉・倹約・学問・仁義を勧め、賭博・麻薬・怠惰・浪費を禁ずる。祭祀は既存仏寺を利用するが、信徒住宅が主な活動場所である。祭壇に仏を象徴する赤布（チャンザオ）、祖先、教祖を祀る。一九四六年以降、私兵を擁し政治活動を展開したが、その清新な教理実践は多くの人々の信頼を集めた。そのため民族運動の主導を目指す共産主義勢力と激しく対立する。一九七五年六月十九日の教団解散後も、ハウザン省トットノット県などで長く抗争を繰り返した。

ベトナム戦争と南部仏教界

ベトナム戦争へのアメリカの介入は、仏教界にも大きな影響を及ぼした。南ベトナム政府に対するアメリカの軍事・経済援助は毎年三億ドルにも達し、その外資展開と社会不安を背景に、南部仏教界は急激に発展を遂げる。たとえばサイゴン市の仏寺数は一九五五年から一九七五年の間に、三五六か寺から一〇四三か寺と三倍近くにも増加している。

同時に、南部仏教界はゴー・ディン・ジェム政権の仏教弾圧に対抗し、伝統仏教教団再統合のため統一ベトナム仏教教会を結成した。同教会は一九六四年一月に組織され、本部はサイゴン市のアンクアン（印光）寺に置かれた。そして李朝の高僧バンハン（万行、？〜一〇二五）の名を冠した、バンハン大学院を創立した。同校はベトナム初の近代的仏教大学である。また社会奉仕青年学校や医療センターなどの教育・福祉施設を建設・運営して社会活動を行った。

やがて同教会は南部解放戦線に協力するティック・ニュット・ハン（釈一行、一九二六〜）等のアンクアン寺派と、穏健派のクオック（国）寺派に分裂した。さらに一九七五年のベトナム戦争の終結による南北ベトナムの統一後、社会主義政権は教会を認めず、バンハン大学院など諸施設は閉鎖され、ティック・ニュット・ハン等はアメリカなどの海外に活動拠点を移した。

六、ドイモイ政策により発展するベトナム仏教

一九八六年十二月から開始されたドイモイ政策は、仏教界にも大きな発展をもたらした。一九九〇年十一月二十六日に出された政治局議決第二四号によって、宗教が社会再建に有効であると認められて以来、祭礼や家庭内での法事など宗教・信仰分野の制限が事実上緩和されていく。特に一九九三年初頭、ド・ムオイ共産党書記長がハノイのチャンクオック（鎮国）寺で焼香する光景が広く公開されたことは、人々に宗教と信仰の解禁を改めて実感させた。

北部では仏教聖地の観光化が進み、険しい登山道で知られたイェントゥー山にも二〇〇二年と二〇〇八年にロープウェイが開通し、より多くの参拝者が訪れるようになった。

中部ベトナムは、依然として在家仏教徒の活動が盛んである。たとえばフエ市北郊のタインフォック（清福）村では、盂蘭盆などの法事になると、村長や各氏族の長が、村の仏寺で灰色の僧衣に着替え木魚を叩いて読経する。また家庭仏子の活動も活発で、夜間もダンスなどの集団野外活

動を行っている。

南部では、一九九九年にホアハオ仏教教会も再建が認可された。現在、ホアハオ仏教の本拠は、アンザン省フータン県アンホア（安和）寺に置かれ、二〇〇四年度の統計では信徒数は一二三万二五七二人である。二〇〇五年にはティック・ニュット・ハンもベトナム入国を認められ、二〇〇七年にベトナム各地で講演を行っている。

以上のように近年ベトナム仏教が発展を続けるなか、二〇〇六年に僧尼の質的向上を図って教育養成省管轄の正規大学、ベトナム仏教学院がハノイ市に開校された。これは将来のベトナム仏教界の新たな発展に、大きく道が開かれた現状を最も象徴している。

カンボジア

喪失と再生の物語

高橋美和

一、制度的宗教としての仏教が消滅するまで

はじめに

カンボジアは、制度的宗教という意味での宗教が一旦ほぼ完全に消滅し、その後再興するという宗教断絶の経験を持つ社会の一つである。一九六〇年代後半から、東西冷戦を反映した隣国ベトナムでの戦争の余波を受け、カンボジアの政治情勢は非常に不安定化した。その後、一九九〇年代初めまでの二十余年間、政治体制も社会制度もあらゆる選択肢を試みようとするがごとき変転を見せ、仏教もその時々の情勢を反映し、あるいは翻弄されてきた。まず、仏教が否定されることになる一九七五年以前を駆け足でたどることにしたい。

古代の宗教状況

今日、カンボジアは東南アジアの小国、後発の途上国というイメージが強いが、古代の大陸部東南アジアにおいて、カンボジア人すなわちクメール民族は主要先住民族の一つであり、全盛期には大陸部の広範な地域――現在のカンボジア領の他に、ベトナム領のメコン・デルタ地域や、タイ領の大半――に版図を広げていた。

古代日本が中国文明に大きな影響を受けて漢字文化を受け入れたように、大陸部東南アジアの大部分の地域ではインド文明の大きな影響を受けた。文字を例にとれば、古代インドのブラフミー系文字を改良した文字が固有文字として用いられており、カンボジアの現代クメール文字もその一つである。宗教も同様で、インドからヒンドゥー教文化や大乗仏教文化が受容された。たとえば、カンボジアにある世界遺産アンコール遺跡群の中心的存在であるアンコール・ワットは十二世紀にヒンドゥー教の神殿として建設されたもので、ヒンドゥー教的世界観を体現したものであり、菩薩の四面像で有名なアンコール・トムには、大乗仏教とヒンドゥー教の混合が見られる。

上座仏教の伝来

しかし後代、ヒンドゥー教や大乗仏教の信仰体系は失われていった。今日、カンボジア国民の九割は仏教徒であると言われるが、その仏教とは、スリランカから十三世紀ごろに伝来した上座仏教を指す。十三世紀末にカンボジアを訪れた中国人、周達観が残した『真臘風土記』には、上座仏教の寺院や僧侶とおぼしき描写が含まれている（以下、カンボジアの上座仏教を単に「仏教」と記述することとする）。

一四三一年、アユタヤ（タイ）の侵攻により、王都アンコールは放棄された。その後、東からはベトナム勢力、西からはタイの勢力がそれぞれカンボジアを侵食し始める。王都もたびたび遷都された。

こうした国力の相対的な変化のなか、十八世紀以降、カンボジアの仏教はタイ仏教から大きな影響を受けるようになる。今日、カンボジアには在来派・多数派であるモハーニカーイと、王室派のトァンマユッティカニカーイ（もしくはトァンマユット）の二つのサンガ（僧団）が存在し、マハーニカーイとタンマユットニカーイが存在するタイに酷似するが、これは十九世紀半ばに当時のカンボジア王族がタイで出家生活を送っていたときに、タイで誕生したタンマユットをカンボジアにも導入したことに由来する。

フランス植民地時代の仏教寺院と僧侶

フランスがカンボジアを保護国化した一八六三年以降の植民地時代、仏教寺院と僧侶は教育行政において重要な役割を果たすことになる。一八八七年にフランス領インドシナ連邦が成立すると教育改革が進展した。カンボジア人のための初等教育機関としては、将来の官吏・エリート育成のための公立小学校（フランス語による教育）と、教育機関として改良された一般向けの寺院学校（クメール語による教育）との複線型の教育制度が整備された。後者の教員を養成するため、僧侶のための教員養成学校も設立された。仏教寺院は一般民衆の初等教育の場となり、僧侶は教師として活躍したのである。こうした経緯のなかで知識人としての僧侶、いわゆるエリート僧侶が輩出した。彼らの一部は二十世紀に入って設立された高等パーリ語学校や、インドシナ総督府の置かれたハノイでフランス人教師による教育も受けた。

一九三〇年代になると、カンボジアの三蔵経の研究やクメール伝統習俗の調査研究を行う仏教研究所が設立され、初のクメール語新聞『ナガラ・ヴァッタ』も創刊されるなど、カンボジア人の民族意識が高まった。他の植民地時代を経験した諸社会と同様、高等教育を受けたエリートのなかにナショナリズムに目覚める人材が生まれ、彼らによって独立運動（クメール・イサラク＝自由クメール）が展開されていった。この運動には、近代教育を受けた知識人の他に、僧侶も一部関わった。一九四二年にナショナリストの僧侶ハエム・チアウが当局に逮捕されたことがきっかけとなって、反仏デモが発生したが、これには僧侶たちの参加もあった。

知識人としての僧侶

一九五三年にフランスからの完全独立を果たしたシハヌーク国王は、一九五五年に王位を父親に譲って、自身は「サンクム・リア・ニヨム（社会人民主義共同体）」を結成して総裁になった。これは王制と仏教を基盤として社会主義、民主主義を実現しようとする国民運動という位置づけであった。このサンクム時代に活躍した最も有名な僧侶が、モハーニカーイ派のサンガ長も務めたチュオン・ナート比丘（一八八三〜一九六九）である。

コンポン・スプー州の農村出身のチュオン・ナートは、十六歳で見習い僧になり、プノンペンの名刹ウナラオム（ウナロム）寺で正式に得度、パーリ語の学習をした。めきめきと頭角を現して一九一五年には高等パーリ語学校の教授、後に校長となり、パーリ語の他、サンスクリット語、タイ語、ラオス語も教えた。仏教の他、言語学、文学、教育の分野においても活躍した最高の文化人として、今日でもその名は広く知られている。彼が編纂した『カンボジア語辞典』の第五版（一九六七〜一九六八年、仏教研究所刊）は、カンボジア語の最も信頼できる辞書として今日も使用されている。彼はこれ以外にも多くの書物を著し、カンボジア語の綴りや正書法に関しても『正書法辞典』（一九五四年）を監修した。

チュオン・ナート比丘

内戦時代、そしてポル・ポト時代へ

一九六〇年代後半になると、東西冷戦構造のなかでかろうじて中立を保っていたカンボジアも、隣国で続くベトナム戦争の影響を避けがたくなっていった。一九七〇年のロン・ノルによるクーデターを皮切りに、カンボジアは長い内戦時代を迎える。そして、インドシナ共産党に起源を持ち、地下に潜っていたクメール・ルージュ（「赤いクメール」の意）が一九六〇年代後半に台頭した。彼らが一九七五年に首都を陥落させると、民主カンボジア時代、すなわち指導者の名を冠したいわゆるポル・ポト時代が始まった。当初、アメリカの傀儡と言われたロン・ノル政権と比べ、規律正しく清廉なイメージがあり、国民の一部に喝采をもって迎えられたクメール・ルージュであったが、その後の極端な農本政策は、カンボジアに暗黒時代をもたらすこととなった。

この時代、あらゆる既存制度、伝統的慣習は否定された。都市住民はすべて農村に徒歩で強制移住、農業に従事させられることとなった。家族も解体され、年齢層別に再編成された集団で生活させられた。既存制度には、もちろん宗教も含まれる。在家の布施によって支えられ、自ら生産活動を行わない仏教僧侶たちは「社会の寄生虫」であるとして強制還俗させられたうえ、抵抗した一部の僧侶は殺害された。経典は焼かれ、寺院は家畜の飼育や米の貯蔵など他の目的に転用、一部は解体されて建材として再利用された。寺院での仏教儀礼はもちろんのこと、かつて伝統的に営まれてきた、仏教にのっとった葬送儀礼、遺骨の埋葬、年忌供養のいずれも、すべてが禁止されたのである。骨壺を土中などにひそかに隠し、先祖の遺骨を散逸から守った人々も少数ながら存在した。

無謀な米の大幅増産計画は各地で頓挫し、食糧不足と過重労働をまねき、その結果、栄養不足とさまざまな疾病により命を落とす人が跡を絶たなかった。また、体制に不満や疑問を持つ人々、も

内戦の破壊を免れた布薩堂（マチェマワン寺／コンダール州）

しくはそうであると告発された人々に対する粛清もあり、結果として百万から二百万人の命が失われたと言われる。

仏教の存続について思いを巡らす余裕などない、生き延びることで精いっぱいな時代であった。

二、ポル・ポト時代終焉以後の仏教の復興

寺院のある生活空間の再建

ポル・ポト時代は、しかし、人々の信仰自体を破壊することはできなかったと言えよう。一九七九年に社会主義政権時代を迎えると、宗教の実践が再びカンボジアに戻った。人々は疲弊の極にありながらも、寺院を中心とするかつての日常秩序を取り戻す努力を少しず

新築の布薩堂（キェンスヴァーイ・クノン寺／コンダール州）

つ始めた。まずは、一寺院に少なくとも一名の寺院住まいの僧侶を招聘し、仏教年中行事のなかでも重要なプチュム・バンを復活させた。これは、陰暦十月後半に十五日間続く仏教祭で、寺院への布施・祖霊供養・施餓鬼を行うものである。一般のカンボジア人にとって、寺院とは祭りの場である。プチュム・バンのほかにも、四月半ばの新年祭、雨安居入りと雨安居明け、カタン祭（僧衣献上祭）、それに不定期に行われるボン・プカー（寄進祭）などがあり、多くの人々が寺院を訪れ、食事や現金の布施を行う。もともと僧侶は、在家が自宅で行う人生儀礼にも不可欠であった。葬式や長命祈願儀礼、年忌供養なども次第に復活した。

民衆主導で進んだ寺院再建であったが、人心掌握の必要もあって、政府も仏教の復興を支援した。ポル・ポト時代に宗教が否定されたため、当初国内には僧侶が皆無であった。まずはカンボジアに隣接したベトナム領メコン・デルタ地域、すなわち、カンボジア人側がカンプチア・クラオム(「低地カンボジア」の意。クメール人住民と上座仏教寺院が多い地域)と呼ぶ地域から招聘したクメール人僧侶を授戒師として集団得度式を実施、正式出家者を出現させた。しかし一方で、労働人口を維持することと出家者の政治的な影響力を牽制することを目的として、出家に年齢制限を設け、高齢男性にのみ出家を許可するなど、仏教サンガを政府の管理下に置いた。

政府軍とゲリラ化したクメール・ルージュとの戦闘がまだ続いていたので、戦闘周辺地域では一九八〇年代末まで再建を待たねばならなかった寺院もあった。都市部では、家を失った人々が寺院敷地内を住まいとして事実上占拠しているために、再建がままならない寺院もあった。

一方、この頃日本では、研究者や民間団体の尽力により、ポル・ポト時代に失われた三蔵経典や先にふれたチュオン・ナート編纂『カンボジア語辞典』が復刻され、カンボジアへ寄贈された。

一九九〇年以降――仏教徒教育課程の再整備

一九九〇年代に入り、国連カンボジア暫定統治機構(UNTAC)時代を経てカンボジアが国際社会に復帰すると、在外クメール人たちからの寄付も一助となり、破壊された寺院建造物は年を追うごとに再建が進んだ。

出家年齢の制限が解除されると、勉学を主目的とする若者の出家が進んだ。現在のカンボジアに

僧侶の食事風景（チェータポン・ヴィエルスバウ寺／コンダール州）

は、公教育制度とは別に、宗教省所管の仏教教育制度として、律学習課程と、初等から高等まで整備された仏教徒教育課程とがある。出家者の仏教教理基礎課程である前者に対し、後者は総合的な教育課程であり、仏教関連科目のほか、世俗の学校で教えられている科目もカリキュラムに含まれている。建前としては出家・在家、また性別に関わりなく誰でも受講できる教育課程であるが、実態は受講者のほぼ一〇〇パーセントが若い僧侶である。初等課程と中等課程のほとんどは寺院併設学校であり、二〇〇五年から二〇〇六年のデータによれば、初等課程は全国に五五五か所、中等課程は二十三か所で開講されている。高等課程は一か所で、プノンペン市の仏教大学がそれである。

これら仏教課程で学ぶ僧侶は、僧侶総数の

過半数を占める。寺院総数は、二〇〇六年で四一三五寺となり、内戦時代直前の一九六九年の水準を上回っているが、僧侶人口は同年の六万五〇六二人を下回ったままである。内戦終結後増加の一途をたどってきた僧侶人口は二〇〇四年の五万九七三八人をピークに減少に転じ、二〇〇九年は五万四七三八人となった。これは世俗教育機関の整備が進んだことによる教育目的の出家の減少とも考えられるが、詳細は今後の分析を待たねばならない。内戦以前には、「親の恩を返すために出家する」という言い方があったように、出家行為が功徳を生み出すという考え方も存在し、結婚前の若者が数年間の寺院生活を送る慣習があった。しかし近年、このような表現はあまり聞かれないようだ。出家行動を支えた価値観自体が変容してきているのかもしれない。

ともあれ、こうした僧侶のための教育制度は再生した。しかし、その内実も元通りになったというわけではない。すでに述べたように、フランス植民地時代以降、カンボジア仏教寺院は信仰の場であるとともに、教育機能を有し、また一部の僧侶たちは高度な教養を備えた知識人として活躍した。しかし、こういった体系的な仏教教育制度が本格的に再始動した一九九〇年代まで、内戦による二十年余りの空白期間があったため、パーリ語、サンスクリット語、律、仏教史、仏教哲学などの仏教関連科目の教員養成の断絶をもたらした。現在、これらの科目の教員は、内戦以前に学んだことがある俗人男性もしくは再出家者であり、高齢化が著しい。現在の若い僧侶の大部分は、ある程度の課程を修了すると還俗してしまい、長期にわたって僧籍にとどまる者は少数のため、結果として、今日も教員不足が解消されていない。

布薩日に寺院を訪れた在家信徒（ランカー寺／プノンペン市）

三、在家信徒の実践

寺院住まいの俗人修行者たち

カンボジアには、老齢期の在家信徒が持戒生活を送る習慣がある。生産労働や家庭の責任から解放された老後を、より敬虔な仏教徒として過ごすのである。髪を短く刈り込み、質素な服を着る男女も多い。経済的に余裕のある人は、これまでの蓄えを費やしてカタン祭の主催者を務める。陰暦で月に四度めぐってくる布薩日には、寺院に行って食事の布施をし、僧侶の説法を聞き、八戒（八斎戒）を受戒する。戒により、その日は午後の食事を取らない。

在家の一部は剃髪して白い衣をまとい、寺院を住処として八戒もしくは十戒把持の修行生活を送る。事実上の出家であるが、具足戒の受戒は行わないので、あくまでも俗人としての寺院住まいである。こうした修行者を、女性であればドーンチー、男性であればターチーと呼ぶが、女性のほうが圧倒的に多く、全国に一万人前後存在すると考えられる。彼らの暮らしで一般の在家信徒と異なるのは、戒を毎日遵守するということ、そして僧侶たちとともに葬式などへの参列を招請される立場になるということである。寺院内ではさまざまな雑用の他、朝夕の読経、瞑想修行などで日々を送っている。

肉親喪失体験をこえて

筆者は十年来、俗人女性修行者たちのライフヒストリーの聞き取り調査を行っている。これまでに語られた多くに、肉親喪失の物語があった。——ある人は、内戦中に飢えや病気で九人いた子のうち八人までもつぎつぎと失った。ある人は、夫はポル・ポト時代に殺害され、一九八〇年代に一人息子が隣国タイに逃れようとしたが、国境付近で地雷を踏みでもしたのか現在消息不明。またある人は、ポル・ポト時代に両親、兄姉四人、夫、子二人をすべて失い、生き残った姉と力を合わせて生活してきた……。

二十年余り続いた内戦で多くの国民の命が失われた結果、家族・親族の誰かが死亡したという肉親喪失経験者は数え切れない。ポル・ポト時代後も政府による徴用・徴兵制度があったために、男性の死亡率が高い状態が続いた。そして、肉親喪失による悲しみを持戒や瞑想修行によって乗り越

読経するドーンチー（ウェーロワン寺／コンダール州）

えようと寺院住まいを選択する人々が、とくに一九九〇年代初頭に急増した。こうした人々にとって寺院とは、俗世の執着を捨て仏法に沿った生活を送る、つまり、自らの行いによって自分自身を支える実践の場なのである。そしてまた、同様の境遇の女性たちとの連帯の場なのであろう。

もちろん、内戦終結から時間を経た現在、肉親喪失だけが女性の寺院住まいの動機とは言えない。成人した子との同居が十分に可能であっても、自身の実践を求めて寺院入りする人が少なくない。家族を支えつつ厳しい時代を生き抜いてきた後に、ようやく自分の自由になる時間と空間を得たという幸福感が、彼女らの落ち着いた表情や話しぶりからうかがえる。

このように、カンボジア寺院は、祭りの場、

ウェーロワン寺で論蔵を講ずるドーンチーのオム・チア（コンダール州）

僧侶の修行と教育の場であると同時に、こうした篤信家にとっては癒しの場、あるいは老齢期における仏教実践の場にもなっている。

四、新潮流の胎動

現在、カンボジア仏教徒の実践には新たな動きも見え始めている。二つの例を挙げたい。

まず、一九五九年バッドンボーン（バッタンバン）州生まれ、ラジオの説法番組や著書で全国的に知名度と人気の高い男性説法家、ブット・サヴォンである。彼は、見習い僧として数年の出家歴があるが、現在は俗人である。一九九〇年代以降、プノンペンなど各地の寺院や故郷に開いた仏教塾で、平易な語り口でパーリ語仏典のエッセンスを教えるほか、一般の在家家庭からの招きにも応じて説法を行う。論蔵（論蔵は三蔵経の中の注釈にあたる部分であり、内容が哲学的で難解であることで知られる）の解説書を書くほか、仏陀の教えを世俗生活のなかで実践する方法を講ずる著作もつぎつぎに刊行している。上座仏教社会では僧・俗の区分が厳格である一方で、このような両者の垣根を越えるような人物も存在するのである。

もう一例は、ブット・サヴォンの教えをきっかけに修行者になった二人の女性である。オム・チア（一九六一〜）とパオ・ソマリー（一九六四〜）は、一九九〇年代に勉強のためにタイへ行ったのだが、ドーンチーとしては非常に異例なことである。二人は、カンボジアで出会ったタイ国籍のクメール人住職を頼ってスリン県の寺院へまず行き、タイ語と論蔵を学んだ。その後、論蔵学の中心地であるバンコクのマハータート寺に移動、数年の研鑽の後にタイで実施されている論蔵の試験に合格してカンボジアに帰国した。現在は論蔵学の教師として、複数の寺院にてドーンチー、僧侶、そして一般在家に対して教鞭をとっている。カンボジアではタイと異なり、女性の正式出家すなわち尼僧受戒の事例はまだ無いが、こうした「学問を修めた」ドーンチーの出現は、今後のカンボジア仏教界にとって何らかの変革の契機となる可能性があろう。

中国・雲南

ミャンマー境域に住むタイ族の仏教

長谷川 清

一、国境に跨がる上座仏教圏

多民族地域としての雲南

多民族国家の中国において、上座仏教はミャンマー、ラオスと接する雲南省の国境地域を中心に広まり、大陸部東南アジアと連続する宗教文化圏を形成している。雲南省は総面積三九万四一〇〇平方キロメートル、総人口四四八三万人（二〇〇七年度）で、面積でいえばベトナム、総人口ではミャンマーにほぼ相当する。国境線は全長三二〇七キロメートルに及ぶ。もとは移民として入植し、今日では多数派を構成する漢族以外に、主要な集団だけでも二十五を数えるエスニック集団（少数民族）が居住し、それぞれに特徴のある多民族地域を形づくっている。中国政府はこれらの多民族地域に対して、主要な集団を中核に「民族区域自治」と呼ばれる統治形式を採用し、民族自治州や治州や西双版納《シプソンパンナー》タイ族自治州、徳宏《ドゥーホン》タイ族ジンポー族自治州や西双版納《シプソンパンナー》タイ族自治州、孟連《ムンリエン》タイ族ラフ族ワ族自治県などがそれである。こうした枠組みのなかにあって、各民族の言語や宗教、風俗習慣を尊重する民族政策が実施されている。

少数民族の上座仏教徒

上座仏教徒が多く居住するのは、徳宏タイ族ジンポー族自治州と西双版納タイ族自治州である。地域や民族間の関係が複雑であること、上座仏教が大陸部東南アジアでは大勢を占める宗教であること、これらの点から、雲南省政府は上座仏教徒の動向や待遇に関して、同省の他の宗教、すなわちチベット仏教、イスラーム、キリスト教の信徒と同様、細心の注意を払っている。こうした措置には、少数民族の宗教信仰に対する国家管理という観点もふくまれる。

二〇〇二年度の統計資料によれば、雲南省の上座仏教徒は約八十九万人である。タイ（傣）族、プーラン（布朗）族、アチャン（阿昌）族、ドアン（徳昂）族、ワ（佤）族などが信仰している。これらの人々は国境に跨がった生活圏を作り上げており、親族・友人同士の往来、宗教儀礼や経済活動を通じた交流など、日常生活のさまざまな機会に越境的な活動を行っている。とりわけ、タイ族は人口規模も大きく、また同系の人々が大陸部東南アジアに広く居住している。筆者はこれまで徳宏タイ族ジンポー族自治州（以下、徳宏）および西双版納タイ族自治州（以下、西双版納）において、タイ族を対象にした調査研究を実施し、社会主義体制のもとでの宗教実践の変遷や国家政策との関係を検討してきた。以下では、この二つの地域の事例を紹介していきたい。

二、徳宏の上座仏教

上座仏教の受容と二十世紀の混乱

徳宏は中国の西南部と東南アジア・インド世界をつなぐ交易ルートの要衝であり、さまざまな集団による複雑な民族間関係の歴史が展開されてきた。こうしたなかにあって、タイ族では交易その他の活動を通じ、ミャンマーのシャン州に居住する同系の集団とのつながりを軸に政治統合が進んだが、盆地政体（ムアン）を単位とした封建的な政治社会組織を形成し、上座仏教を受容していくのである。寺院の形式や経典、仏教儀礼などでシャン仏教と共通する点が多いが、サンガ組織のあり方については、ポイゾン、トーレー、ヨン、ゾーティという四つの教派があり、いずれもシャン州方面から伝来したとされる。従来、こうした教派の形成やネットワーク、持戒の実践、在家信徒との関係などについては、他の上座仏教圏との比較の視点から検討されたことがほとんどなく、徳宏の上座仏教はこれからの研究課題として興味深い内容をふくんでいる。

中華人民共和国の発足以後、一九五〇年代から六〇年代にかけて全土で大規模に展開された社会主義建設のための政治運動や社会変革の波は、徳宏のタイ族社会にもさまざまな混乱をもたらした。宗教信仰の面では、寺院や僧侶が生産に関わっていないという理由から批判を受けるとともに、人々の日常的な仏教信仰や儀礼活動にも大幅な制限が加えられ、寺院は機能の停止を余儀なくされたのである。とくに、文化大革命（一九六六〜一九七六年）の期間には精霊崇拝や仏教儀礼が「封建迷信」として排除され、僧侶や在俗の職能者であるホールーなどが攻撃を受けた。州政府の統計資料によれば、徳宏全体で当時一五八名の僧侶がいたが、そのうち一三七名が国外に追放されたという。また、六六〇か所の寺院は倉庫や事務室など、別の用途の施設にあてられた。こうした破壊の状況は、後で述べる西双版納などでも同様であった。

宗教政策と仏教復興

宗教信仰の自由が戻ってきたのは一九七八年十二月、第十一期三中全会の開催以後である。この会議において、中国政府は階級闘争の路線から経済建設を重視する方向へと軌道を修正した。また、宗教政策に関しては一九八二年、宗教信仰の自由と緩和を全面的に指示する方針を打ち出した。これは「宗教」と「迷信」を区別しつつ、正常な宗教活動のみを容認するというもので、一九五〇年代の宗教政策の延長上にあった。

こうした宗教政策の変更は、民間主導の上座仏教の復興に拍車をかけていくことになった。圧迫を恐れて中国側からミャンマー側に避難していた僧侶が帰国し、荒廃した寺院や仏塔の修復などに関わったが、村人の間では仏教儀礼や年間の仏教行事が復活していった。なかでも顕著であったのは、ポイ儀礼の活性化である。ポイとは、シャン州から徳宏地域にかけての仏教徒の間で行われて

再建された仏塔（瑞麗市姐勒村）

きた仏教儀礼であり、在俗の仏教徒の日常生活や人生の過程に深く関わってきた。在家の人々にとって、功徳を積む最良の機会とされたからである。

マオ盆地における仏教復興

連続した地理空間にあって、国境の画定はそこで生計を立てる人々の伝統的な生活圏を分断してしまう。徳宏でその典型的なケースといえるのが、瑞麗市のあるマオ盆地である。山地に囲まれたマオ盆地の真ん中をシュエリー川（瑞麗江）が流れているが、北岸側一帯の大部分は中国領、南岸側はミャンマー領となっている。一つの盆地が二つの国家によって分断されているのである。もっとも、中国側のチェーカオ（姐告）はシュエリー川南岸にあり飛び地となっているため、自然の河川がそのまま国家の境界として機能しているわけではない。このチェーカオは今日、東南アジア・南アジアへの国境貿易の重要拠点として発展し、都市化が進んでいる。

この地区の仏教復興をみてみよう。従来同地区においてよく知られ、仏教徒による巡礼の対象となっていたのは、チェールー（姐勒村）のパゴダ（仏塔）である。文化大革命の時期には破壊されていたが、一九八三年二月、その再建を祝うポイ儀礼が盛大に行われた。この儀礼に参加した僧侶は総勢五十九人であり、約五万人が参集した。抑圧的な宗教政策が緩和されたばかりであったため、中国側では当時、僧侶が不足しており、儀礼の実施においてはミャンマー側に協力を求めざるを得なかった。四十六人がミャンマー側の僧侶であったと報告されている。

仏教復興はさまざまな課題を抱えていた。徳宏では、一定の年齢に達し、仏教知識を持つ僧侶の不足は深刻であった。この点は後述の西双版納でも同様だが、こうした人材の空白を埋めたのがミャンマー側から入境してきた僧侶であった。ある村落を訪ねたとき、家屋の新築儀礼で若い僧侶が儀礼を行っている場面に出くわしたことがある。村人の一人はその僧侶がミャンマー籍であると語ったが、こうして招聘された僧侶のなかにはアヘンの吸引や女性に対する誘惑などで村の風紀を乱し、止住する寺院から追い出されてしまうケースがあり、国境地域の仏教復興の舞台裏をのぞき見る思いをしたことがある。

トンメン（東門）の寺院（瑞麗市ムンマオ鎮）

ミャンマー僧による支援

マオ盆地の上座仏教については、徳宏の他の地区に比べて寺院に止住する僧侶や見習い僧の数が多い点など活発な印象を受けるが、雲南省西部からミャンマーのシャン州、タイ北部に及ぶシャン仏教全体の広がりからみれば、周縁的な性格を帯びている。ミャンマー側のナンカンには僧侶が多く止住する寺院もあったが、仏教知識の獲得を求める者はマンダレーやヤンゴンの寺院に赴くことがしばしばであった。

例えば、瑞麗市内の一角にタイ族の集中するトンメン（東門）という居住区がある。ここに建立されている寺院にはかつてポイゾン派の僧侶が止住しており、同派のネットワークにおける一つの拠点であった。筆者は一九九一年三月に初めてこの寺院を訪れたが、当時、二十人ほどの見習い僧が止住し、瑞麗地区の仏教復興の拠点となっていた。そこでの聞き取りでは、以下のような情報を得た。

一九八一年、トンメンの在家信徒は寺院を再建した。しかし、費用が不足していたので屋根は草葺きだった。一九八七年に修築することになり、屋根を瓦葺きに改めた。その後、住職としてナンカンからS師が招請された。当時、トンメンには住職を務めることのできる僧侶がいなかった。S師は住職になると、寺院に集まった見習い僧をマンダレーのいくつかの寺院に派遣した。ビルマ語の勉強や教理の学習をさせるためである。一九九三年、五名の見習い僧を初めてマンダレーに派遣し、さらに一九九五年には十数名の見習い僧を同地の寺院に送った。このように、中国側の仏教復興は、ミャンマーから招請した僧侶の協力や支援によっても進められていくのである。

僧侶のネットワークと宗教管理

当時、ミャンマーでは政府による仏教サンガの改革が進められていた。サンガの浄化をねらいとして、一九八〇年に開催された「全宗派合同会議」がそれである。これによって全国レベルの統一僧侶組織、宗教裁判所の設置、僧侶登録制などが導入されることになった。このサンガ制度改革の動きはマオ盆地にも伝わった。その結果として、トーレー派の主導による仏教復興が進展していく。しかし、かつてのポイゾン派のネットワークの存在も無視できない。ポイ儀礼における村落間の交流や僧侶の往来には、同じ教派としての伝統やつながりが基礎になっている。

国境地域の仏教復興における、こうした中国側とミャンマー側の相互に浸透し合った民間レベルの動きに、宗教政策を担当する部門は柔軟に対応していかざるを得なかった。国境に跨がった上座仏教の取り扱いは、中国西北部のイスラームほどではないにしても、雲南省では「宗教問題」として最も敏感な領域に属してきたからである。しかし、中国政府は宗教復興への対応が一段落した後、宗教行政に関する法整備を行って宗教管理の姿勢を強め、一九九〇年代に入るとその動きを具体化させていく。外国人の宗教活動に関する規定、宗教活動場所の管理規程などが発布され、二〇〇四年には「宗教事務条例」として体系化されるに至った。かくして、ミャンマー籍の僧侶が中国側の寺院に住職として止住することにはさまざまな制限が加えられるようになり、今日では村落でのポイ儀礼の実施や仏教行事の必要性から一定期間の止住は許可されるものの、住職となることは禁止されている。

三、西双版納の上座仏教

徳宏とは異なる仏教形態

西双版納はミャンマー・シャン州東部やラオスに面し、メコン川の上流部にあたる瀾滄《ランツァン》江が白治州の中央部を流れている。歴史上この地において主体となってきたのは、タイ・ルーを自称するタイ族の人々である。彼らの年代記によれば、ムン・ルーと称される「盆地国家」が十二世紀後半、

タイ族（タイ・ルー）村落の寺院（景洪地区）

景洪（ツェンフン）を拠点に創建され、以来、「王」（ツァウペンディン）によって統治されてきた。この王権はラーオ、クーン、ユアンなどのタイ系諸族が形成した王国（ラーンサーン、ケントゥン、ラーンナー）と交流し、上座仏教を受容した。十四世紀から十五世紀にかけて、スリランカ大寺派（マハーヴィハーラ）がラーンナー王国からケントゥンなどを経由して伝来したとされている。

西双版納のタイ族村落には、ほとんどの場合、寺院（ワット）が建立されている。漢語では「緬寺」と称されるが、その形式は徳宏とは異なっており、徳宏の上座仏教との違いを見出すことができる。また、見習い僧になる出家慣行がある点も挙げておく必要がある。上座仏教徒にとって、寺院は出家者と在家者が自己の研鑽と宗教実践に励む場である。西

得度した僧侶を迎える村人（ムンハイ地区）

双版納のタイ族の伝統的な慣行では、男子は生涯において一度は出家し、とくに青少年期に寺院で一定期間修行することが求められた。寺院では、仏教知識や世界観、倫理・道徳、経典文字などを学ぶ。多くの者は見習い僧（パ）の段階で還俗して俗人に戻るが、一部は比丘になるために修行を続け、正式僧（比丘、トゥ）として得度する。しかし、トゥとなっても還俗は可能であり、とくに住職（トゥロン）を務めて在家に戻った後はハナーンと呼ばれ、仏教知識の保持者として信望を得た。在家信徒を代表して仏教儀礼で重要な役割を演じる役職者のポーツァーンは、こうした人々から選ばれた。トゥの上位にはフーバーという僧階があり、この地位につくと還俗はできなくなるのが通例であった。

儀礼の場における僧侶とポーツァーン（景洪地区）

サンガ組織の再生

西双版納でも徳宏と同様、一九七八年以降、仏教復興が展開していく。荒廃した状況は深刻だった。統計によれば、一九八一年には全域で三十六人の比丘がいたが、そのうちの三十五人はミャンマー側から来ていたという。一九五七年の時点では一〇三四人の比丘がいたとされ、一九六〇年代から七〇年代における宗教政策がいかに抑圧的であったかを表している。

一九八〇年代にはこうした状況に変化が起き、西双版納では寺院やパゴダの再建とあわせて、見習い僧や比丘の数が急増した。この点は徳宏の仏教復興との大きな違いである。しかし、仏教復興の内側をみれば、その過程に介在したミャンマー側の僧侶の役割を看過できない。聞き取り調査によれば、一九八四、八五年頃からタイ族の村落ではミャンマー側の僧侶を住職として招くようになり、景洪地区ではそうした寺院が多くあった。とくに村落仏教の再生にあたって、シャン州東部のムンヨーンは重要な役割を果たした。その際、注目しておきたいのは、ムンヨーンはミャンマー領に属するとはいえ、西双版納と同系の集団によって形成された盆地政体であり、多くのタイ族（タイ・ルー）村落が分布することである。破壊を受けていなかった側の上座仏教が、西双版納の仏教復興に一役買ったのである。

この時期における寺院の状況を一例だけ紹介しよう。景洪地区のバーントンラオ村のH師（一九七八年生まれ）は九歳、小学二年生で出家した。当時、同寺院の住職はムンヨーンから来ていた。H師は十五歳から十六歳にかけての一年間、バンコクにある寺院に留学した。一緒に西双版納から十三人の見習い僧がタイの寺院に留学した。その後、H師は出身村に戻ったが、九年間ほど別の者が住職であった。一九九六年に正式僧として得度したが、まず景洪地区の他寺院で住職を務め、出身村に戻ってきたのは二〇〇〇年である。

見習い僧から正式僧にかけての時期におけるH師のような移動や遍歴は一般的な現象であるが、彼の経歴において重要な点は、タイの寺院に留学していることである。村人や住職を相手に仏教復興の話をしていると、一九八〇年代前半に自分たちの村落では住職を務められる人物がいなかったので、まずムンヨーンから住職を招いたというエピソードを紹介されることがしばしばあった。仏教復興をめぐる他国との連携やネットワークの問題はさらに詳しく調べてみる価値があるが、少なくとも景洪地区の仏教復興には、ムンヨーンのタイ族が重要な役目を演じたといえる。

仏教協会の役割

中国において宗教活動およびそれに関わる組織や聖職者は国家による管理の対象である。仏教に関しては、人々の仏教実践と国家の宗教政策をつなぐ縦系列の組織が仏教協会であり、その頂点が中国仏教協会である。その傘下に、チベット（蔵伝）仏教、大乗（漢伝）仏教、上座（南伝）仏教それぞれに区分された地方レベルの仏教協会がある。上座仏教についていえば、仏教協会はサンガそのものではなく、国家の宗教行政部門と村落レベルの寺院、僧侶、在家信徒を結びつける宗教団体として、エリートの僧侶と宗教政策を担う行政幹部から構成されている。とりわけ、王権による村落統治の歴史的伝統があり、頂点から末端の寺院に至るまで、一定規模を有するサンガ組織を今日なお保持する西双版納では、州レベルの仏教協会が、末端に位置づけられる村落の寺院と僧侶を統率する上できわめて大きな役割を果たし、長老会議のような属性も帯びている。

この点に関連し、一九九〇年代前半の仏教復興において最も重要な出来事は、西双版納総仏寺（ワット・パージェ。以下、総仏寺）の再建である。この寺院は西双版納で長い歴史を有する名刹として権威化されており、一九五〇年代から六〇年代に中国仏教協会の要職を務め、中国政府の宗教政策の実施にも深く関わったフーバー・ムン（長老僧）のソムデット・アッカムニー師の活動拠点であった。文化大革命の時代に破壊されたが、一九八九年から再建が始まり、九〇年代には中国内外の仏教界における交流活動の推進にも大きな貢献をした。

あるエリート僧の活動と軌跡

こうした西双版納における仏教復興の中心人物の一人が一九九二年十月、州仏教協会の会長に任命されたT師（当時三十二歳）である。T師は西双版納の寺院とサンガの復興に対して、雲南省仏教協会を介して国家側と交渉し、十人の青年僧をタイ北部、ランプーン市の寺院に派遣して西双版納仏学院の開設を準備するなど、上座仏教の再建事業においてきわめて中心的な役割を果たしてきた。その経歴は、社会主義化のなかで翻弄され続けた西双版納の上座仏教の軌跡そのものである。

一九六〇年に生まれたT師は文化大革命の混乱期には両親とともにミャンマー側に移住し、一九七三年、ムンヨーンの寺院で出家した。その後、ケントゥンの寺院に移って正式僧として得度した。宗教政策が変更になったので出身地に戻り、そこで再建された寺院の住職になった。一九八六年四月のことである。当時、男子児童は見習い僧になると学校をやめてしまうのが一般的であり、教師や教育関係者から問題視されていた。T師は州政府の方針に従い、漢語を学習する見習い僧クラスを開設するなど、学校と寺院の関係改善に努めた。こうした功績もあって州仏教協会に迎えられたT師は、西双版納の仏教復興のために精力的な活動を展開する。二〇〇四年には最高位の僧職であるフーバー・ムンに就任した。さらに翌年、勐泐《ムン・ルー》大仏寺が創建され、総仏寺にあった州仏教協会と西双版納仏学院はここに移された。今日、この寺院は中国における「南伝仏教」の総本山とみなされ、多くの参拝客や観光客が訪れるようになっている。

四、おわりに

中国において上座仏教は少数民族の「宗教」であり、「中国仏教」の諸派の一つとみなされる。タイ、ラオス、ミャンマーなどの東南アジアの仏教国のように、「国教」もしくはそれに準じる地位を与えられているわけではないが、陸続きの関係にあって、国家間あるいは地域間関係の融和や社会文化の秩序形成に果たす役割は大きい。また、復興過程の検討を通じてさまざまなことも見えてくる。上座仏教圏として一括するのではなく、また国家体制を前提としてナショナリズムや国民統合との関わりで検討していくのとも異なるパースペクティブから、上座仏教圏の形成や歴史的動態について、エスニックな多元性や多様性をふまえて明らかにしていくことができよう。同じタイ族であっても、徳宏と西双版納ではエスニック集団としての名乗り（自称）、言語・文字、風俗習慣、隣接諸集団との関係や歴史展開などにおいて異なっている。さらに、両地域ではタイ族以外の少数民族も上座仏教を信仰しており、この点も上座仏教圏に多様性をもたらしている。東南アジア側とのつながりや交流関係、ネットワークの実態など、興味の尽きない地域である。

3

変貌する上座仏教

タイ

都市の瞑想運動と村落の開発活動にみる仏教再編

泉　経武

一、はじめに

タイの仏教は、上座仏教である。現在の領土にタイ人が国家形成を始めた十三世紀ごろまでに、かなり発達したかたちでタイ社会の各層に広く上座仏教が受容されていた。十四世紀中葉以降、各王朝の国王が仏教を保護した結果、仏教サンガはもとより、仏教文化の諸相が現在に至るまで継承されている。

ラーマ五世王（在位一八六八～一九一〇）は、近代化の課題として行政の集権化と国民教育の発展を目指した。その施策の一環として、サンガ組織化の事業を開始し、一九〇二年「サンガ統治法」を公布、すべての寺院と僧侶が法王の統一監督のもとに置かれることとなった。このサンガ法は、その後一九四一年に改定され、現行の「一九六二年サンガ統治法」に至る。近代化の過程で、タイのサンガはヴィナヤ（律）に行動規範を求める出家者集団としての性格のほかに、国家統治権力下の一組織として位置付けられることとなった。ここでは、都市部にみられる在家信徒の瞑想運動と、地方村落における僧侶の開発活動を通じて、近年の社会生活の変化に伴うタイ仏教の動向に触れてみたい。

二、都市部における瞑想運動

活性化する瞑想の実践

上座仏教の僧侶が励む修行は瞑想である。修行専心の生活を森林や清閑な寺院で送ることができるのは出家者である僧侶だが、瞑想の実践は在家信徒とともに継承されてきた。農閑期に村人が白衣を着し、一週間程度の期間、寺院や村外れの森で僧侶に指導を受け瞑想に励む様子は以前から見られた。参加した村人の関心は、瞑想修行による精神的成長よりも、僧侶の指導に従いコミュニティに参加したことによって得られる、功徳（ブン）に向けられていた。

ところが、一九八〇年代ごろから個人の精神的安定・発展を目指した瞑想実践のコミュニティが、都市と農村部の双方で求められる動きが現れた。仏教行事などの機会に寺院で瞑想指導が行われ、在家信徒主催の瞑想修練会も登場した。書店には、瞑想修行に長けた僧侶の指南書や彼らの言行録が並ぶようになる。そこに記された瞑想修練を開催する寺院や施設の案内を頼りに、人々は「安定

1950年に設立されたタイ国青年仏教協会。瞑想修練会に全国から参加希望者が集まる（バンコク）

した精神」を求めてタイ各地を飛び回るようになる。著名な瞑想指導僧は、毎日のように各地に招かれ説法と瞑想の指導を行っている。ここ二十年から三十年のタイ仏教界の種々の動向のなかでも、この瞑想実践の広がりは、タイの仏教サンガの制度的管理を超えた現象の一つであるとみなすことができる。

タイ国青年仏教協会の歴史と活動

年間を通して、定期的に瞑想修練会を催す仏教協会を紹介しよう。

タイ国青年仏教協会（Yuwaphutthika-Samakhom heang Prathet Thai）は、一九五〇年、戦後の混乱期にタイの若年層に仏教を布教する目的でタイ人青年ら二十四人によって設立された。一九六〇年から今日まで、タイ王室の支援を受けている。首都バンコクに本部を構え、中部パトゥムターニー県と南部チュムポン県の二か所に支部をもつ。

協会の設立時に掲げられた活動の目的は、①仏教の原則に則した仏法と仏教行事の普及、②青年層へのモラルと作法の教示、③社会福祉と公共活動の支援、であった。ところが、二〇〇七年公示の協会理念には、効率性の向上と長期的に安定した活動の展開、四念処にもとづくヴィパッサナー瞑想の重視、若者とヴィパッサナー瞑想に関心のある人への活動対象重点化などが明記された。

ヴィパッサナー瞑想とは上座仏教で実践される瞑想法の一つで、心の鎮静に重きをおくサマタ瞑想に対し、心の状態をつぶさに観ることに重点がおかれる。タイでは、一九六〇年代初期にヴィパッサナー瞑想指導で著名なビルマ人僧侶、マハーシ・サヤドウ比丘の弟子数人がバンコクのマハーチュラロンコン仏教大学に招かれ、多くのタイ人僧侶が指導を受けて以来、全国に広まった。

協会の現行の活動は、このヴィパッサナー瞑想の普及活動が中心である。協会職員の説明では、一九九〇年代から瞑想修練会の実施が協会行事に関わる人々の強い要望となり、その後、急速に瞑想修練会中心の活動へと移行していった。入門コース参加者の大半が次のコースに進むために、参加者が途切れることはない。数か月ないし半年前から希望者を募るが、募集とほぼ同時に定員となるコースも少なくない。現在、年間五十以上の瞑想修練会を実施している。修練期間は三日から十日間と幅があるが、コース内容や課程に応じて決められる。ミャンマーやイギリスの仏教協会での瞑想修練会も共同実施されている。僧侶を対象にした九日から十五日間のコースも用意されている。

タイ国青年仏教協会主催マーノップ比丘の瞑想修練会。参加者男性29人、女性161人（バンコク／2010年）

男子中高生が夏季休暇中、見習い僧となって瞑想を実践するコースは、大学生や看護師を対象にしたコース同様、学力や仕事の効率向上につながるとして人気を博している。また、サラリーマンやＯＬを対象にした週末コースもある。そのほかに、三蔵・パーリ語の学習、教育・福祉活動、ラジオ説法放送などが行われている。

タイ国青年仏教協会の瞑想修練会

二〇〇九年二月、バンコクにあるタイ国青年仏教協会本部が実施した瞑想修練会に参加した。ヴィパッサナー瞑想の入門コース（平日二泊三日）で、参加人数は九十四人、参加者の八割は女性であった。下は高校二年生から、上は七十四歳の老婦人までが参加し、夫婦や家族での参加者もみられた。長時間坐ることのできない人のために、会場には椅子も用意されている。清潔な宿泊施設に全員が滞在する。服装は、白の上下を着用する。「白」は三宝礼拝と修練会場への畏敬を意味する。食事は、朝と正午前の一日二回、八戒を守る。菜食だが、精進料理のような質素な食事ではなく、実に多彩な料理が用意された。この協会のすべての瞑想修練会は、参加者の寄進に依っている。つまり、定まった参加費の支払いがない。協会は、予定運営経費を公開し参加者に協力を求めているが、寄進というスタイルを堅持している。ちなみに今回の修練会の予定経費は、一人当たり千五百バーツ（日本円で約四千五百円）との説明を開講式前に協会員から受けた。

協会は、規則の遵守を徹底させている。瞑想修練に集中することのほかに、「指導僧に対して修練の進展具合を報告し、参加者同士での話し合いは厳禁」「筆録や読書、携帯電話の使用禁止」などが定められている。また、事前の心構えには、「社会の地位や階級、仕事の責務は持ち込まない」「子どものような柔軟な心構えでのぞむ」「最後までやり遂げる決意でのぞむ」ことなどが挙げられている。この協会の修練会は、「厳」なる実践の場としてタイ国内で広く知れ渡っている。「緩」なる空気を最小限に止めようとする協会職員の努力が、修練期間中いたるところで感じ取られた。

瞑想は早朝四時から開始される。小一時間、坐った瞑想と歩行瞑想を各自繰り返す。その後、僧侶とともに朝勤を行う。続いてヨガ体操。それが終わると朝食と若干の休憩時間があり、再び瞑想が始まる。今回の瞑想指導僧は、タイ東部チャンタブリー県で寺院内に瞑想センターを構え、近年ヴィパッサナー瞑想の指導者として著名になったマーノップ・ウパサモー比丘であった。彼の指導は、一般的にヴィパッサナー瞑想で指導される感覚や思考を名付けによって観察する方法を止めさせ、感覚の注視（sati）を繰り返し説く。十一時に昼食をとり、休憩後十二時半から瞑想が再開される。午後には、十人ごとに別室で歩行瞑想の細部にわたる指導や、瞑想による心の状態の変化についてマーノップ比丘と質疑が交わされる。十六時半夕勤、十七時半からの休憩時間に水浴びをすませ、十八時半に瞑想再開。二十時から再び質疑応答がなされ、二十一時就寝である。

瞑想実践の盛況の背景

一九九〇年代前半、タイで広く篤い信仰を集めていた二人の僧侶が、各々女性問題と女児虐待の容疑で連日新聞を騒がせて社会的衝撃をもたらし、仏教界のさまざまな問題が浮き彫りになった。第一に彼らのもとには全国から浄財が集まり、通常の寺院では考えられない金額が動いていたこと、第二に僧侶一個人に向けられる信仰のあり方は、そもそもブッダの教えに適するのかという問いである。その後、一九九〇年代後半には、都市郊外の一寺院が紙面を賑わせた。寺院を一会社組織の如くに運営し、集まった多額の寄進を資金として寺院活動を展開している実態が、新聞やテレビで報道された。これらの出来事は、タイ人にとって「仏教徒タイ人」を改めて考える契機となり、人々は信仰を育む心の片隅に、微弱な警戒心をいだくようになった。

青年仏教協会に瞑想指導僧として招かれる僧侶は、当初は口コミによるが、その後、協会職員が直接面会に訪れ、確認のうえ正式に指導を依頼する。協会は、在家者に対する態度、寄進の運用、住職を務める寺院の運営方針などを確認する。こうした僧侶選別の物差しが、瞑想という仏教実践の広がりの底流にあることを見逃してはいけない。今日のタイにおける仏教再編の場で「観」られているのは、僧侶の側なのである。

瞑想実践の拡大は、タイのみならず他の上座仏教圏でも確認される宗教運動の一つである。瞑想修練会の活性化は、急激な変化を伴う消費社会に対する在家信徒の精神的適応を目的とした、実践コミュニティの再編との理解が可能であろう。瞑想修練会にみられる人々の行為は、僧侶と信徒の伝統的な関係軸にもとづく瞑想実習の技能や知識の伝達だけではなく、時代の動きの中心に対する抵抗と、妥協と交渉による多様な主体の転換が試みられている。都市消費生活がもたらした欲望の充足と、(一見するとそれに反するかにみえる)より良き生き方の追究によって、僧侶と在家信徒の双方が、都市空間における自らの位置取りを確保しようとしているのである。

三、地方村落における開発活動

タイ東北地方の開発僧

次に、タイの地方社会での開発活動を通じた仏教再編の動きをみていきたい。

一九五〇年代末に権力を握ったサリット・タナラット(元首相、在位一九五九～一九六三)は、国民国家形成のために国家統合と経済発展を国家目標として掲げた。彼による国家政策によって普及

祖父追善のために一週間の一時出家をする男性（ノーンムアン寺院／ナコンラーチャシーマー県）

した「開発（Phatthana）」とその概念は、当初から工業のみでなく、国民の生活全般の改善を伴うものであった。一九八〇年代から九〇年代前半にかけて高度成長期を迎えたタイでは、経済開発の進展は首都バンコクのみならず、地方においても大衆消費社会の拡大をみせ、社会的階層や集団ごとに違いをみせる多様な経験を生み出してきた。そのなかで、従来の伝統的な農村を基盤とした仏教とは異なった、人々の多様化したニーズに対応した多彩な宗教実践が、新たな社会生活のなかで再編されてきた。

一九七〇年代後半から八〇年代にかけての地方村落で、村人の生活の質的向上と改善を目的に、経済的・福祉的活動や瞑想修養によって村落開発に従事する僧侶が現れた。彼らは「開発僧《かいはっそう》（Phra Nakphatthana）」

と称される。彼らは、政府やサンガの指示・指導に直接拠らず、自らの選択的意志で、米《こめ》銀行や信用組合を設立し、また職業訓練や医療福祉活動などの開発という世俗事に関わっていった。そして、賛同する村人から開発活動のために資金を集め、寺院への寄付金を一時的に活動のために運用し、自ら鍬を手にして田畑に出て農作業の指導をしている。村人の精神的な信頼を受け指導力を発揮できる僧侶が、彼らとともに近代化や市場経済に対応できる生活様式を築こうとしている。

サンガの開発計画

一九六〇年代、「国家開発」を目標に、サリット首相により政府開発計画が推進され、それに連動して二つの開発計画が実施された。

一、タンマトゥート（法《ダルマ》の使節）計画

一九六五年教育省宗教局によって立案され、翌年マハーチュラロンコン仏教大学にその実施が移管された計画である。これにより、仏教大学では、「教育学部」や「人文・社会福祉学部」など社会開発に関連する学部の新設や再編が行われ、また、大学で学ぶ僧侶を開発活動に派遣する活動も開始された。大学で開発教育を受けた僧侶は、タイ全国に派遣されたが、主に貧困地帯であった東北地方に送り出された。その主要な目的は、①地域的不満の抑制、②国家、宗教、国王の支配イデオロギー浸透のための教育活動、③共産党対策などである。

二、タンマチャリック（法の巡礼）計画

タイ北部・北西部の山地民統合問題の解決手段の一環として、一九六五年内務省を中心に立案・実施された。この計画では、地方寺院の僧侶が集められ、山地民に仏教を布教し、タイ人としての自覚を持たせる活動が行われた。そのほかに①焼き畑の禁止、②ケシ栽培禁止、③生活の向上、国家開発への協力要請、④国境地域の安全確保への協力を求める活動も実施されている。さらには定着型の農業の指導、現金収入を得るための指導も行われた。

両者はともに、仏教僧侶が動員された国民国家形成を主眼とする国家統合のための開発計画である。現在もこれらの計画は実施されている。しかし、中央（バンコク）から僧侶が派遣され、また教育機関で開発のための学習を受けた僧侶らが現地に赴き、村人を寺院に集め、村人への講習や研修を実施しても、生活改善のための自主的な意識を村人に持たせることは現在に至るまでできていない。こうした僧侶らは、村人にとって、あくまでも外から一時的に訪れた訪問者の域を出ることはなかった。

立ち上がる「現実」

地方村落の僧侶は、開発という外からの干渉を受けたことによって、政府の開発計画の対象にすえられている村落の生活の現状を徐々に自覚するようになり、その窮状を認識し始めた。食施と財施による物質的支援と精神的信頼を寄せる村人に対して、自分にできることはないかと真剣に考え始めるようになった。そして、僧侶は村外の研修機関（政府、地方行政、仏教大学、ＮＧＯなど）を

開発僧チャルーム比丘とノーンムアン寺院仏教農業学校に寄宿する生徒たち（ナコンラーチャシーマー県）

通じて地域開発について学習し、村人の生活改善のための活動を始めていく。村落の僧侶は、政府やサンガによる開発活動が、村落の生活環境や生活改善のための村人の意識に何ら変化をもたらさない状況に幾度となく遭遇するうちに、村人に対する責任や義務、つまり「自分がやらないで誰がやる」といった意識を明確にしていった。こうした仏教僧侶による活動が、タイの地方社会に点在することをタイ国内のNGOが知り、このような僧侶たちはNGO活動家によって、前述のとおり「開発僧《かいはっそう》」と称されるに至った。上記の政府・サンガの両計画によって地方に派遣された仏教僧侶が「開発僧」と称される事例はこれまでない。

この過程で着目すべきは、開発僧が「現実」を立ち上げたことである。ここで言う

「現実」とは、日々の生活で取り組むべき課題として対象化した「生活」のことで、開発僧は「現実」を改善すべき対象とみなし、そのための「生活」構築を提言したのである。

仏教教義の再編――タンブンと苦

新たな「生活」の構築、そして生活の改善のためには、まず自己改革を行う必要があった。これまでの慣習から自己を切り離し、仏教の本義に自己を照らし合わせて、自らの信仰を見直すこと。そのうえで、問題状況を改善すべく、生活レベルから信仰を実践し、必要な場合は従来の仏教の教えにも新たな解釈を加えていったのである。そうした事例として、「タンブン」と「苦」についての開発僧の理解と説明を概観したい。

タンブン（積徳行）とは功徳を積む宗教実践で、現世と来世の幸福や社会的地位の向上を願い、寺院や僧侶に対して行われる物質財の布施行為をいう。開発僧は、寺院や僧侶を対象としない村人同士の助け合いも功徳になることを強調した。村落が貧しいといっても、すべての村人が同じような困窮状態にあるのではない。比較的余裕のある村人が、同じ村内で困っている者に対して物質的あるいは金銭的な援助を行うことで、困窮する村人が市中の高利貸から借金することもなくなり、低金利での返済が可能となる。こうした村人双方の間で借金返済の年利率が具体的に話し合われ、その場にいる開発僧は、同じ村落に暮らす村人に救済の手を差し伸べた者に対して、寺院や僧侶に向けられるタンブンと同等の価値（功徳）があることを説く。

こうした解釈を生む根底には、次のような苦のとらえ方がある。輪廻と業（カルマ）の観念が社会的に定着しているタイでは、苦とは業を負った当人に及ぶのであって、他者による代替は不可能であると認知されている。ところが、開発僧は村落の全員が同じように貧困生活に喘いでいるのではないことを承知したうえで、貧困に苦しむ村人がいる村落の「現実」を村人全体の苦としてとらえた。従来の苦のとらえ方が個的であったのに対して、開発僧のとらえたこの苦は集合的である。

村人との親密関係の再編

開発僧は、まず普段から寺院に足繁く通う村人との間で、村落の生活の現状に関して共通の認識を持つことに努める。開発僧の活動が、どこでも小規模な話し合いを出発点としたのは、寺院の僧侶と村人が生活改善のために何ができるのかを、互いに確認する必要があったことの表れであった。開発僧と村人の協働の出発点はここにある。

開発僧が村人とともに行った活動は、生活協同組合、米銀行、貯蓄組合、青年組合など自助組織の普及、農業支援、村内整備、保育所の設立、孤児教育、職業訓練、自然環境保護、薬用植物の栽培、民間医療の普及、保健衛生の教育、エイズ問題、村落博物館設立、寺院整備、瞑想指導などがある。親密な村人との間で共有が可能となった「現実」を、開発僧は寺院における行事の際などに、ほかの村人に開示・伝達していった。徐々に同じ「現実」への共通認識を持つ関係が村内に広がりをみせ、関心を示す村人を開発活動に導き入れ、開発活動をめぐる開発僧と村人の親密空間は拡大し

農業試験場で担当者と話し合う開発僧ナーン比丘（スリン県）

ていった。僧侶は寺院における伝統的な儀礼を執行し、信徒は功徳を積むという宗教儀礼を中心とした従来の関係とは別に、開発活動を媒介にした新たな関係軸によって、僧侶と村人の親密空間が創出されたのである。

開発僧は、官僚や役人と衝突し誤解を受けながらも、「下から」求める開発への理解を訴え、時にNGOに協力を求め、村落の生活改善に有効な開発活動を模索し活動を展開させてきた。中央の指示に従う地方官僚や役人、さらには理解の得られない周辺村落との間で、辛抱強く矛盾と錯綜の中に身を置くことを選択した。村落の現状に対する意識には、対話の繰り返しによっても埋め尽くせない乖離がある。開発僧には、そうした試練に耐えることが自己の精神的鍛錬であり、仏教の実践を現実的に深化させるとの確信があった。ゆえに、開発僧は、「解決が可能だとわかっている問題だからやっているのではない。誰かがやらないといけないからやっているだけだ」と静かに語るのである。

四、おわりに――公共の仏教の台頭――

仏教僧侶としての実践規範のすべてをヴィナヤ（律）に求め、世俗社会の生活変化に対して関心を持ちながらも意識的に不関与の立場をとる僧侶の一団が、タイ仏教界（サンガ）の中軸に存在する。社会と積極的に関わる僧侶に対する彼らの批判は、一九九〇年代初頭まではみられたが、今日では公には控えられている。

ここまで概観してきた世俗の要望に応じる僧侶は、消費文化の浸透やグローバリゼーションによってもたらされる生活の揺らぎや不安を、心の内面の問題とのみ見なすことの限界を熟知していながらも、瞑想修練による精神的鍛錬の必要性を説き続けている。そして、彼らは、社会に根付いている仏教秩序の再編に挑戦し、従来の「公―私」二元の仏教、つまり、国家統一のための公的な仏教と日常生活にもとづく私的な仏教とのあいだに、より善き社会を築くための公共の仏教のあり方を模索し、その位置づけに苦心している。形式的で旧態依然と思われがちなタイの仏教に、このような時代に応じた仏教秩序再編の躍動がある。

ミャンマー

アビダンマ学習にみる統制下の伝統と信仰

原田正美

一、純粋な教理を保持するビルマ仏教

ミャンマー連邦はインドと中国の狭間に位置し、日本の一・八倍の広さの国土に、五七五〇万あまりの人口を擁する。百以上もの民族からなる多民族国家であり、人口の七割を占めるビルマ族に加えシャン（一〇パーセント）、ラカイン（六パーセント）、モン（五パーセント）らが主に上座仏教を信奉している。一方、カレン（三パーセント）、チン（〇・一パーセント）、カヤー（〇・五パーセント）、カチン（二・六パーセント）らはキリスト教を主に信仰しており、インド系・中国系のムスリム、インド系のヒンドゥー、また精霊信仰の信者も存在する。二〇〇三年の統計では、上座仏教の僧院数は全土で五万二九五三、尼僧院は二六二一、二二七の戒律を守り修行する僧侶数は一九万二四五九人、十戒を守る見習い僧は二六万八二七八人、十戒もしくは八戒を守る尼僧は二万八一二

〇人で、尼僧も含む出家者数は四十九万人に上る。

男子仏教徒は成人前に一度は仏門に入るとされ、人生の通過儀礼や、年間を通じた祝祭日、托鉢や寄進、相互扶助の精神から祈りや礼拝にいたるまで、人々の日常の営みのあらゆる場面に仏教は深く根づき息づいている。

このミャンマーにおいて、仏教の「今」という場合、「軍事政権下における」という言葉が想起されるかもしれない。ミャンマーの軍事政権は実質的に一九六二年以来五十年余りに及んでおり、二〇〇七年に起きた十万人規模の僧侶によるデモ行進は記憶に新しい。しかし、軍政府による強力な統制が続く一方で、政府による仏教への関与や、出家や在家の仏教実践がどのように変化を遂げているのかについては、一様には語れない。ここでは、他の上座仏教諸国と比べても、教理を純粋なかたちで保持していることを誇るビルマの仏教という視点から、その歴史的変遷や現政権の仏教に対する諸施策にも触れた上で、在家に広く浸透している「アビダンマ学習」を紹介してみたい。

二、政治権力と仏教サンガ

仏教をとりまく社会の変化

当地に上座仏教が伝わったのは十一世紀、バガン時代に三蔵経典がモン族の都タトンからもたらされたことに始まるといわれる。その後、近隣サンガとの交流や、地域間、民族間の抗争を重ね、他方で大乗や密教的要素を内包しつつ伝持された仏教は、十五世紀のダンマゼーディー王の時代に改革がなされ、王が上座仏教のみを正統として、その「浄化」をはかることで「正法王」として統治の正当性を得るという構造に帰着したと考えられている。

その後、一八八五年以後のイギリス植民地期、一九四二年からの三年間の日本軍政期を経て、一九四八年に独立を達成してからは、ウー・ヌ政権時代のほぼ十四年間にわたり、議会制民主主義体制が維持された。ウー・ヌ首相は極めて篤信な仏教徒であり、政府による第六回仏典結集を主催するとともに、仏教社会主義を目指し、瞑想センターの設立など数々の仏教施策を推進、仏教の国教化をも試みた。

しかし、その政策に反対する非仏教徒少数民族とそれを推進する僧団の間でウー・ヌは身動きがとれず、情勢は混乱した。また反社会的なものを含む多種多様な仏教解釈が混在することになった。それを収拾するかたちで一九六二年に登場したのがネーウィン軍政である。一九七四年に憲法を改正したこの政権は、共産主義を拒否し、宗教信仰を認め、人間による搾取を否定するという「ビルマ式社会主義」の理念を掲げ、社会主義計画党への名目上の民政移管を行った。しかし実際には一党独裁の政治が行われ、強権により国民の「脱政治化」を制度化した。また、ネーウィン政権は僧団の管理体制を構築すべく、一九八〇年には全宗派合同会議を開催し、公認宗派を九つにするとともに、サンガに関わる諸法、サンガ裁判、僧籍の登録などを制定した。

けれども一九八八年、二十六年に及ぶ「社会主義」路線の破綻により、全土に民主化運動が広がった。このときに事態を収拾して政権を掌握したのが、現軍政である国家法秩序回復評議会（SLORC。一九九七年に国家平和発展評議会〈SPDC〉と改名）であった。同政権は市場経済への移行とともに、複数政党制による総選挙の実施とその後の政権移譲を約束したが、一九九〇年にアウンサンスーチー率いる国民民主連盟（NLD）が選挙で圧勝すると、民政移管の前の憲法制定を理由に、その約束を反故にした。以後、統制の手法は年々強められ、二〇〇八年には、未曾有のサイクロン被害の直後に実施された国民投票で、新しい憲法を承認させた。

現政権の仏教施策

一九九〇年に選挙結果が反故にされたとき、僧侶は政府高官関係者からの布施の受け取りを拒否する、覆鉢という手段で政権に対する抗議を行った。現政権は、この抗議活動を弾圧して以降、サンガに対する取り締まりを強化した。その一方で、サンガと距離を置いたネーウィン軍政とは異なり、仏教を庇護する数々の仏教擁護施策を打ち出した。顕著なものとしては、僧侶に対する待遇の改善、パゴダや仏像の修繕と建立、国内外への布教等があげられよう。

高僧に対して数多くの称号や報奨金が追加され、海外で活躍する布教者を呼び戻して大がかりなセレモニーも行われた。一九九四年には、イギリス植民地期の一九三五年以来途絶えていた、タータナバイン（ビルマにおける「サンガラージャ〈サンガの最高位〉」）の地位が復活した。僧院に対しては米、油、塩、薬、豆ばかりでなく、時にはテレビ、エアコン、車が寄進されるようになり、布施の品々を僧侶に差し出す軍人高官の姿が、連日報道されたほどである。

その一方で、政府はパゴダや仏像の修復、建立も行ってきた。一九九九年にはヤンゴンにあるシュエダゴン・パゴダで、ミンドン王以来の傘蓋（パゴダの最頂部）を新たに設置しなおした。その間、友好国となった中国より仏歯を将来し、そのレプリカを奉ったパゴダがヤンゴンとマンダレーに一基ずつ建立され、一九九〇年代後半からは、バガンのパゴダ群の遺跡で修復も始められたが、その修復方法と信仰とを巡って議論を呼んだ。二〇〇〇年代に入ってからも、世界一巨大な石英でできた仏像がヤンゴンに安置され、その他にも「世界一」と冠せられる寝釈迦像や立像が地方に建立された。特筆すべきは、現在の首都ネーピードーに、シュエダゴン・パゴダと同形で、わずかに三〇センチメートル低いだけのウパサンティ・パゴダが二〇〇九年に建立されたことであろう。

政府が刊行する新聞には、一時期「処世訓」や「吉祥経」が連日掲載され、テレビでは放映の拡充に伴って、月に四度の布薩日（八戒を守るなど、通常より仏教的生活に励む日）には高僧の説法が流された。非仏教徒少数民族への仏教の布教や、寺子屋学校の再興もなされる一方で、親軍政翼賛団体によって仏教文化講座が開かれるようになり、ビルマ語に翻訳された経典等のCD化も進められた。また、一九九八年には国際上座仏教布教大学が設置され、二〇〇四年には世界仏教サミットも開催された。今日仏教は、政権に正当性を付与するという意味でも、国民統合の要としても重要な位置を占めていると言われる様子が窺える。

しかし、そうした仏教擁護策にもかかわらず、二〇〇七年に、英領下においても起こらなかった僧侶による大規模デモが発生した。そのことは、現政権下において身動きが取れない在家者の、苦悩からの解放や、一部出家者に対する暴力的制裁などの横暴に是正を迫る、正義（アフマンタヤー＝仏教の真理と同表現）を求める立場の僧侶が青年僧を中心に多く存在したことを示している。しかしそれに対する一方的な弾圧は、同時に、政府に反旗を翻した者には、出家といえども強い姿勢で臨むという現政権の立場を改めて示す結果となっている。

三、経典重視の立場とその制度化

二度の仏典結集とその意義

ビルマ最後の王都であったマンダレーに、聖典を刻んだ七九二枚の大理石板が並ぶクドドー・パゴダがある。このパゴダは、イギリスによるビルマ南部の割譲という事態に直面したミンドン王が、一八七一年に第五回仏典結集を主催するにあたり、それに先駆けて建立したものである。ここにおいて、危機に対峙する砦としての経典の位置づけと、覇権主義者ではなく、経典を護持する正法王としてのミンドン王の立場が国内外に喧伝された。そして後には、聖典の直接の注釈・アッタカターと、アッタカターに対するさらなる注釈であるティーカーの大理石写本が造営されて、それらを擁するサンダムニ・パゴダが建立された。こうして、ビルマにおける正統聖典が確立された。

その後、イギリスと日本の統治期を経て、一九四八年にビルマが独立すると、一九五四年から一

マンダレーヒルから望むクドドー（左手）、サンダムニ（右手）両パゴダ

九五六年にかけて、仏滅二五〇〇年を記念する第六回仏典結集が開催された。また、その開催に先立って、結集を統率する三蔵憶持師が求められた。三蔵憶持師とは、聖典八〇二七頁を暗誦でき、アッタカターとティーカーを合わせて九九三四頁の内容を答えることのできる僧侶である。独立後のビルマで最初の憶持師となったのはミングン（法名ウィセタターラビワンタ）尊師である。一九九三年に亡くなった後も仏教徒に深く敬愛されている師にとって、「憶持」とは経典の真髄を体現することに他ならなかったと言われている。ウー・ヌ首相によって推進されたこうした一連の仏教振興策は、イギリス植民地期以後、時代の変化に翻弄された仏教を、大きく経典に回帰させる動きとなり、失われた国民の自尊心を回復する作業になった。

第六回仏典結集当時のウー・ヌ（左）とミングン尊師
（ニカーヤ寺院／ミングン地方）

軍事政権下における、経典志向の強化

しかし、ビルマの仏教における経典志向をさらに確たるものにしたのは、ネーウィン軍政下で行われた全宗派合同会議であった。そこにおいて、上座仏教の定義が制度化され、同時にサンガが「律」と別途に管理される制度が制定された。サンガ裁判は、戒律違反や紛争の解決のみならず、思想や教理に対する弾劾を行い、その基準が、経典との照合というかたちで示されることになり、その判決の積み重ねが、経典や注釈書のもつ制度的側面を強化することにつながった。

さらに、現政権においては、国際上座仏教布教大学の創設に示されるように、堅固な教学の伝統を国際的に誇示する姿勢も見受けられる。しかし、その反面、聖典、アッタカター、ティーカーに

国際上座仏教布教大学（ヤンゴン）

もとづく解釈以外は受け入れないという立場は、近代的世界観、歴史的事実や実証的検証、あるいは思想・表現の自由と抵触する側面をもっている。もとより抵抗運動として起こされた僧侶による覆鉢も、経典にもとづくものである。しかし、それらは偽僧による反政府活動であるとの認識にたつ政府の立場を見ても、個々の現実を経典に照らしてどう判断するかという答えは、立場によって解釈を分かつものだと言えるだろう。

四、経典重視とアビダンマ志向

「パマー・アピタム（ビルマはアビダンマ）」

これまで見てきたように、経典重視の立場は、時代の流れのなかで、為政者にとってその意味を変えながらも、ビルマの上座仏教の根幹を担ってきた。しかし元来、経典伝持は瞑想実践と並ぶサンガの重要な任務であった。そのなかでビルマのサンガのアビダンマ（論蔵）志向は、例えばタイでは「パマー・アピタム」と呼ばれているとのことであり、他の上座仏教圏にも知られてきた。

「アビダンマ」とは、経典成立史的に見れば、仏陀が直接説かれた教えである「経」や、とくに戒律に関わる「律」に対して、それらを後に思想的に体系化し、記述した「論」である。遅くとも二世紀までには成立していたと考えられてきた。そこには、「現象世界である外的・内的世界の諸要素の本質や成立方法を、分析的に知ることで無我を体現する一つの実践」体系が記されているとされる。

ビルマにおけるアビダンマ志向は、仏典が同地にもたらされて以降、数世紀にわたる文法書や聖典の逐語訳の歴史の上に、その「理解」として伝持されてきたものである。「ビルマのアビダンマ文献」という論文の中で、前近代におけるアビダンマ志向についてまとめたシュエザンアウンは、パーリ語のテクストよりビルマ語のテクストによる伝持の重要性を指摘し、「ビルマは仏教哲学の国」であると述べている。そして、それを特徴づけているのは、逐語訳に解釈を埋め込んで、十七世紀頃から著されるようになった「ア（ヤ）カウ（意味を掴む）」というスタイルであったとする。

シュエザンアウンその人もまた、英領期に活躍した在家の知識人で、二十世紀初頭に英国人パーリ仏教の碩学リス・デイビッズとともに、アビダンマ文献の英訳をＰＴＳ（パーリ文献協会）から出している。後述するレーディー尊師に師事し、彼を通じてビルマのアビダンマ理解のみならず、師の教説も西欧に紹介されることが可能になった。

「ミャンマー、スリランカ、タイ、カンボジア、ラオスの上座仏教五カ国中、ミャンマーでのみ、聖典、アッタカター、ティーカーを三位一体にした教授法が存在する。他の諸国では抜粋程度しか教授されていない。また、律・経・論の三蔵とも教授しているのはミャンマーだけであり、他の国々では論蔵の教授は極めて低調である。聖典の本来の意味（分析）よりも、その歴史や学識を教授されることの方が多い*」。近代的教学の最高学府とも言われる国家仏教学大学関係者のこの言葉は、端的にこの国の教学の伝統を表している。

＊ 奥平龍二「ミャンマー上座仏教の制度改革――「国家仏教大学」創設の意義、成果及びその役割――」『パーリ学仏教文化学』一八、四〇頁、二〇〇五年。

宗教局主催のアビダンマ講習会

筆者は二〇〇四年九月、宗教局主催のアビダンマ講習会を見学したことがある。場所は第六回仏典結集が開催された世界平和パゴダの敷地内であった。大きな講堂に部屋があてがわれ、それぞれの教室の前には黒板が置かれ、僧侶の指導の下、個別の机に向かって学習者が熱心にノートを取っていた。

このアビダンマ講習会は、一九九二年に始められた。土曜日と日曜日に行われ、一日六時間で三十日、全一八〇時間の課程である。クラスは三クラスに分かれ、ビルマで「ティンジョー」と呼ば

宗教局主催アビダンマ講習会の様子

れるアビダンマの綱要書『アビダンマッタサンガハ』を学ぶ「アビダンマ一般」のクラス、「ディーガジョー（名高い復註）」と呼ばれる解説書『アビダンマッタウィバービニー』を学ぶ「アビダンマ優等」のクラスと、アビダンマの教義が集約されている『清浄道論』を学ぶ「ウィスディマッガ」のクラスがある。

定員は「一般」のクラスが九十人、「優等」のクラスと「ウィスディマッガ」のクラスがそれぞれ五十人。見学した日の出席者は、「一般」のクラスが四十七人（女性三十四人、男性十二人、ティーラシン〈尼僧〉一人）、「優等」のクラスが三十一人（女性二十五人、男性五人、学生一人）、「ウィスディマッガ」のクラスが三十一人（女性二十六人、男性四人、僧侶一人）で、年齢も十

アビダンマ（及び仏教文化）講習会優等賞を授与する宗教大臣ミョウニュン中将。政府の関与のあり方の一端が窺える（「ミャンマーの光」1997年10月18日）

五歳から七十五歳まで幅があった。

　こうしたアビダンマ講習会受講の目的の一つは、国が主催する試験に合格することであるという。この試験制度はウー・ヌ首相の時代に始められたものであり、現政権下で拡充された。現在、その試験は、ナドー月（十二月頃）に三日間かけて行われ、四月に結果が出ることになっている。

　ちなみに、二〇〇三年の合格者は、「アビダンマ一般」が八九一四人、「アビダンマ優等」が一八〇一人、「ウィスディマッガ」が九七四人で、一九八八年から二〇〇三年までの合格者数総計は、九万八四七三人に達したということである。

五、生活のなかに息づくアビダンマ

在家者へのアビダンマの普及――レーディー尊師の恩恵――

イギリス植民地期において、仏教は王権という庇護者を喪失し、存亡の危機に直面した。また、それは出家と在家の関わりにも変容を迫ることになった。そうしたなかで、経典に過度に依存する仏教に革新性を持ち込み、仏教のエッセンスを広く在家に伝えようとする僧侶が現れた。それがレーディー尊師であった。十九世紀末から二十世紀初頭に活躍した師は、自らの教学と瞑想の修行により会得した仏教の真髄を、ビルマ語で著し、出版印刷の広まりのなかで、「ディーパニー（義釈）」と冠する多くの仏教書を物した。そこには、普通の農民に仏教の意義を伝えたいという熱意が込められており、経典に拠りながらも、解るように書くことが旨とされた。

今日、アビダンマのみならず、瞑想が広く一般在家仏教徒の実践となり得ているのは、レーディー師から瞑想を学び、師が視力を失った後に人々に対する指導を許された在家者のサヤ・テッジーを通じて、優れた在家の師が育ったことともに、レーディー師がパーリ語を解せない在家信者のために、「タンケイ」と呼ばれるアビダンマについてのビルマ語の韻文を作ったことが大きく関係している。レーディー師が、「ビルマ語で暗誦できるようタンバウ（三行詩）で書いてあげよう。そらで言えるよう覚えなさい。その意味を（弟子の）ウー・パンティタたちが解説するから」

と言って編んだ六五五節の韻文は、イギリス植民地下のモンユワ市内で多くの在家信者が唱えるところのものとなり、次第に全土に波及した。

やがてビルマの独立後、ウー・ヌ首相が推進した仏教の試験制度に伴い、アビダンマ学習が本格化した。一九六〇年代にはＹＭＢＡ（青年仏教協会）やパゴダの社会福祉協会などが在家向けに講習会を行うようになり、さらには一九八〇年代以降、大学の教法堂や個別の仏法師等による短期集中講座なども開かれるようになって、形態も多様化した。そして一九九二年からは、宗教局主催の講習会もそれに加わったのであった。

レーディー尊師（出典：Aung Mun, U〈Myat Su Mun〉, *Kyezushin Ledi Hsayadawhpayagyi i bawahpitawzin*, Myat Su Mun Sape: 63）

このようにアビダンマ学習を見てみると、軍政の関与も見られるが、むしろレーディー師の叡智と慈愛の恩恵にはかりしれないものがある。師によって、仏教の真髄を学ぶ機会が広く一般在家者に開かれ、今も脈々と受け継がれることになったと見るのが妥当であろう。

人々を支えるアビダンマ志向

アビダンマ解説の著明な師であるミ

ンティンムン博士は、「心、心所（心の諸作用）を理解するようになれば、この身体の中に、「私」として執着すべき生命、精神、魂などないということがはっきりわかるようになる。この「私」に対する執着や、仏法僧という三宝に対する疑義がなくなるほど見解が清浄になれば、小「預流」（悟りの第一段階）に至り、四悪趣（地獄、畜生、餓鬼、阿修羅界）への扉は閉じる」と説き、「存在に対する正しい見方というべきアビダンマの種は、間違いなく人間の幸福と、涅槃寂静の幸福という永遠の幸福を生じさせる助けとなる」と説明している。

アビダンマを理解することは、悟りにのみ関わるのではなく、経済、政治、社会などあらゆる分野で、正しい思考、正しい道を歩むよりどころとなるという。また、「アビダマー・タッリン・ピョ」（アビダンマを会得すると〈心は〉柔らか）という言葉も語られている。その理解、実践により、社会と新たによりよい関係を生むという意味では、今日のレーディー式瞑想の位置づけにも通ずるだろう。たとえば、サヤ・テッジーの教えを受けたウー・バキンは、財務長官としての仕事と瞑想を両立させ、オフィスのなかで職員に瞑想を広めた。こうした瞑想と仕事の相互作用の効用は、独立後の瞑想の一つの位置づけとなっており、アビダンマ理解の意義とも重なる。ただ、その社会的効用が、十分に発揮される機会が得られてきたとは言いがたい。

ミャンマーは、長く続く抑圧的システムのなかにあり、経典重視の傾向は政治的な統制と結びつく側面をもっている。そのなかにあって、ミャンマーにおけるアビダンマ志向は、他の仏教実践とともに、変化する時勢にさらされる人々の救済と社会生活に寄与し続けている。

社会主義政権下の上座仏教

池上要靖

一、ラオスとは？

ラオスは東南アジア諸国のなかで、最も日本人にとって馴染みの薄い国であろう。人口は約五百八十万人で、タイ、ベトナム、カンボジア、ミャンマー、中国雲南省と国境を接し、国土面積は日本の本州とほぼ同じ約二十三万六千平方キロメートルの典型的な内陸国である。気候はアジア型のモンスーン気候であるが、南北に細長い国土であるために、チャンパサックを中心とする南部地域（四県）、首都ヴィエンチャンがある中部地域（六県）、古都ルアンパバーンがある北部地域（八県）と、それぞれに気候風土も異なっている。しかし、大概に東南アジア圏に共通する風土を有しており、それが上座仏教がラオス全域に拡がった自然要因として考えられる。

民族はおよそ三つに大別されている。平地（低地）居住のラオ族（ラオルン）は人口の七割を占

1560年に建立されたワット・シェントーンの本堂（ルアンパバーン）

め、主にタイ諸語系のラオ語を話す。丘陵地居住の先住民族モンクメール語系のカー族、および諸族（ラオトゥン）は全人口の二割、高地居住のフモンやヤオ族（ラオスーン）はチベット・ビルマ語系のミャオ・ヤオ語を話し、人口の約一割を占めている。少数民族はラオス国内で、少なくとも四十以上の存在が確認されている。

一九七五年、ベトナム戦争の終結後、共産主義の台頭によってそれまでの王政は廃止され、民主共和制国家が樹立し、共産主義政党の人民革命党が実権を握った。

一九八六年、政府が「チンタナカーンマイ（新思考）」政策を打ち出し、それまでの社会主義的政策から資本主義国家との協調路線へと転換し、開放化へ向かった。一九九九年からは「ヴィジット・ラオス」政策が展開され、資源の乏しい内陸国なるがゆえに観光立国化を表明し、最近では日本のマス・メディアにもたびたび紹介されるようになってきた。

二、ラオス仏教史と二体の仏像

人口の六割を占める仏教徒

ラオスの仏教史は、そのままラオスの歴史と重なるといっても過言ではない。深くラオスの人々の精神的な支えとなってきたのが仏教だからである。ラオルンの七割は仏教徒であり、ラオトゥンやラオスーンのなかにも精霊信仰から仏教徒に改宗した部族があるため、全人口の約六割の三百五十万人ほどが仏教徒であると推測できる。現在、われわれが「ラオス」という場合の総体的な文化や宗教の主たる担い手たちは、ラオルンと呼ばれる人々の生活文化そのものである。

ラオスの歴史は、十四世紀から始まる。それ以前の歴史については、残念ながら史料となりうる文献があまりに少なく、多くを口頭伝承に頼り、考古学的な発見が期待される。とくに仏教の伝播に関して言えば、後述する上座仏教の伝来以前、ラオスではヒンドゥー教や大乗仏教、そして密教などが信仰されていたのではないか、と考えられている。

1904年に王宮として建立、現在は王宮博物館となっている（ルアンパバーン）

上座仏教の移入とパバーン仏像

メコン川中流域に点在していた諸ムアン（くに）を統一し、ムアン・サワー（現在のルアンパバーン）にシェントーン（「黄金の町」）を築き、ここを都と定めて、一三五三年にラーンサーン（百万象）王国を建国したのがファー・グムである。約六百年間続いた王政が一九七五年に廃止されるまでが「ラオス王国の歴史」であり、同時に伝統的で揺るぎない上座仏教の歴史でもあった。

初代ラーンサーン王ファー・グムは、建国の柱ともいうべき仏像を、義父であるクメール王朝（カンボジア）のジャヤーヴァルマン・パラメーシュヴァラ王から贈られた。それが、パバーン仏像である。「パバーン」とは「黄金の仏陀」の意味であり、そもそもの由来は、スリランカの王からクメール王朝に

ホー・パバーン（パバーン仏像館／ルアンパバーン）

贈呈されたものであったという。この仏像はラオスの仏教を象徴する仏像であった。現在、古都ルアンパバーンのほぼ中央に位置する王宮博物館の正門右手側に、パバーン仏像を安置するホー・パバーン（ホーは「館」）が建立され、新しい館での公開が準備されている。

ラオスの上座仏教の歴史がファー・グム王から始まるという理由は、王妃であるクメール王の娘、ナンカウケンナがとても熱心な上座仏教徒であったので、王妃の懇請により、クメールの上座仏教の比丘とともに、数千人に及ぶ職人集団を招来したからだという。それ以来、ファー・グムは上座仏教を公式にラーンサーン王国の国教とした。

しかし、近年の碑文研究などから、ファー・グム王の建国以前から、先住民族のモン族などの間で、すでに上座仏教が信奉されていたという見解が有力である。

王国と仏教の発展

ラーンサーン王国は、現在の北部タイからラオスの中部に至る地域を奪取した。二十年間の統治の間、ファー・グム王は「勝利者」と称された強い王であった。しかし、それは臣下にとって辛い称号でもあった。好戦的な王に対して臣下たちは耐え切れず、ついに王を追放し、王の長男を第二代の王として即位させた。サームセーンタイ王の誕生である。

この王は、四十三年間という王朝歴代二位の統治年数を有している。また、彼はチェンマイやアユタヤ両王国から王妃を娶り、王国に有利な外交関係を築き、上座仏教寺院の建立も多く行っている。一四一六年に王が死去すると、第十四代の王ヴィスンまで各王の在位年代が極端に短くなり、王国は一時的な衰退期を迎えた。

第十五代ポーティサラート王の治世になると仏教は最盛期を迎え、同時に国勢も伸張した。王はスリランカ大寺派の中心地であったタイのチェンマイから経典を招来し、精霊信仰（ピー）を禁止して、祠を撤廃し、代わりに寺院を建立した。一五二〇年、王は西から侵攻しつつあったビルマの脅威から都を守るため、都の機能をシェントーンからヴィエンチャンへ移した。一五四五年、侵攻を許したビルマ軍を退け、ランナー（チェンマイなど北部タイ地方）国を征服し、次の王となる息子のためにメコン川の東西両岸を手中に収めた。

持ち去られたパ・ケーオ仏像

一五五〇年、ポーティサラート王の息子であるサイ・セーターティラートは、父王のお陰を蒙り、メコンの両岸の国ランナーとラーンサーン両王国を統治した。実質的な行政機構はすでにヴィエンチャンにあったため、一五五八年、王は正式にシェントーンからヴィエンチャンへ遷都した。このとき古都の名称はシェントーンからルアンパバーン（「偉大なるパバーン」）へと改められ、ラオス人の心の拠り所であったパバーン仏像はルアンパバーンに留め置かれた。また、セーターティラート王は、ヴィエンチャンに遷都するにあたり、国が外敵から侵略されないように、国家に対する守護寺院としてワット・タット・ルアン（偉大なる仏塔寺）をヴィエンチャンに建立した。

チェンマイ育ちの王は、新都のヴィエンチャンで住むために、彼の地からヴィエンチャンへ、パ・ケーオ（エメラルド仏陀）仏像を移した。パ・ケーオ仏像は像高四〇センチメートルほどの翡《ひ》翠《すい》製で、仏陀滅後五百年を経たころ、インドの龍神が造ったという伝承もある。この後、二百年を経て、一七七八年にシャム（タイ）軍の侵攻により、パ・ケーオ仏像はトンブリーに持ち去られてしまった。現在もラタナコーシン王朝の首都、バンコクのワット・プラ・ケオ（エメラルド仏寺院）に収められ、タイ国王はこの仏像に年三回の衣替えを行っている。ラオス側はラーンサーン王国最盛期を現出した国家守護の象徴であるエメラルド仏陀像は、不当に侵略したトンブリー王が勝手に持ち去ってしまったのだから、本来の所有権を有するラオス側に返還するべきだ、と主張している。

上座仏教に対するラオス人民の信仰観は、功徳を与えてくれるパバーン仏像と、今は隣国タイに

アショーカ王の使節が仏陀の胸骨の一片を封じたという伝説があるタット・ルアン（ヴィエンチャン）

ある王国最盛期の象徴であるパ・ケーオ仏像の二像への帰依によっている。

三、仏法と国法のはざまで

サンガに対する国法の支配

十四世紀建国のラーンサーン王国、十八世紀三国分立時代のヴィエンチャン王国、ルアンパバーン王国、チャンパーサック王国、十九世紀から二十世紀のフランス植民地時代、いずれの時代も、ラオスの上座仏教サンガは、変わることなく、揺るぎなく、民衆の心の支えとなって、聖なる位置が脅かされることはなかった。

しかし、一九七五年、王政が廃止されて新政府が樹立すると、一九四七年以来国教とされていた上座仏教のサンガは存亡の危機を迎えた。新しく国政を担った者たちは、人民の側に立つという改革派のインドシナ共産党が母体となった。これが現政府の基盤となったパテート・ラオ（「ラオス愛国戦線）である。この変革は、仏教サンガにも大きな変革を余儀なくさせた。そして、この新政府は、「聖」存在として民衆とは一線を画していたサンガに統制の枠をはめた。「仏法」にのみ規定されるサンガに、「国法」という支配の網をかぶせたのである。

托鉢地域の規制

それ以前、王国時代の一九五九年に公布された「サンガ勅令一六〇号」によっても、比丘の在籍ワット（寺院）の設定と、「出家者証明書」の交付権が各県知事に付託されるなどの国家統制は始まっていた。しかし王国の「親和」的な統制と、人民革命党新政府の「廃仏」的統制では、その意図するところは自ずと隔たっている。

当初、新政府は、南部地域のタマユット派の比丘たちが、親米的な活動をしたことからタマユット派そのものを禁止した。さらにサンガへの不信感から、タイ式の組織形態であったパサンカラート（法王庁）に、比丘の托鉢を禁止するなどの弾圧を行った。しかし、これには民衆の反発が起こり、未だ充分な政治基盤を確立していなかった新政府は、ワット毎に托鉢の地域を規制するに留めた。

托鉢地域の規制は、非常に重要な規制であった。托鉢は比丘が個人として行う日課であるから、界域のなかで一人ひとりが限定を受けずに、各家々を巡ることが本来の形態である。しかし、新政府はそのような比丘個人としての自由な托鉢の経路を認めず、ワットを一単位として、ワット毎に隊列を整え、決められたルートで托鉢を行うよう義務化した。ラオスの観光写真などで見られる列をなした比丘たちの托鉢の姿は、サンガが国家の統制下にあるということの象徴でもある。

政治参加を強いられる比丘

また、新政府は民衆の信仰を集めるサンガを政治的に取り込もうとして、一九七五年の末に開かれた「全国人民代表者会議」に比丘六名を委員として出席させ、政治とは無縁のはずの比丘に政治参加を強制した。一方では比丘の行動を厳しく規制し、政治的には仏教サンガの持つ潜在的な社会影響力を利用するなど、懐柔的な宗教政策を展開していった。

タマユット派禁令の影響は、パサンカラートの解体を促した。「法王」の存在は新政府が許すものではなかったので、パサンカラートは人民革命党の指導の下、「統一ラオス仏教連盟」として新たに組織された。一九八六年に開催された全国サンガ代表者会議により、仏教連盟は、四名の中央名誉委員、四十二名の中央委員、九名の常任委員の五十五名で構成される中央委員会が最高議決機関とされ、同時に「統一ラオス仏教連盟規則」全二十二条が採択された。この規則は、仏教連盟が党の管理下に置かれていることを、明確に成文化したものであった。出家者である比丘は「聖」存在として社会と一線を画するとされてきた常識は、もはや規則の下では瓦解して、比丘は社会貢献の重要な担い手であるという立場が新たに与えられた。一見すると、サンガの民主化と見えなくもないこのような組織化は、上座仏教サンガが保ってきた、戒律堅持に対する人心の帰依という存在意義を危うくさせる「破戒」的な変革であるということを、看過してはいけない。

四、サンガの現況

統計上の数字と現実

「統一ラオス仏教連盟規則」全二十二条が採択された一九八六年の前年の統計によると、出家者（二十歳未満の沙弥も含む）数は推定ながら一万五四〇〇人、五年後の一九九一年の統計では、ラオス全土のワット（寺院）数は一七二三寺、出家者数は一万六三八六人（比丘七二九三、沙弥九〇九三）であった。さらに、二〇〇六年の統計では、ワット数は四一三九寺、出家者数は二万一九二人（比丘七四九五、沙弥一万二六九七）、最新の二〇〇八年度の統計では、ワット数四七三一寺、出家者数は二万九八六三人（比丘八七六三、沙弥二万一一〇〇）となっている。最新統計の数値には、比丘数が完全に把握しきれていない県が一県あるので、比丘数はさらに増加するだろう。

これらの数値から読み取ることができるのは、第一にワット数が顕著に増加傾向にあることであるが、実際のワット数は最新の四七三一寺よりも少ない。その理由は、住職のいない寺院が一〇七八寺あるからである。これらの無住職ワットは、多くが地方寒村のワットであり、住職を迎えることができないという理由による。村の規模が縮小し、若者たちは都市へ流出する傾向が強くなり、ワットの維持が困難な地域が出現している。また逆に、ベトナム戦争によって破壊されたワットの再建に取り組み、見事に再建されたワットもある。都市近郊の新興地では、経済的に恵まれた新興富裕層の市民によって新しいワットの寄進もなされている。

出家者数の変化

第二には、出家者数の変化である。ワット数の倍増に比べて、比丘（クバー）の数は緩やかな増加に留まっているが、反対に沙弥（ジュワ）の数はワット数と同じように倍増している。この数値のみ見るならば、確実にラオスの仏教は復興していると見る向きもあるだろう。人口増と比例してワット、ジュワ数も増加しているからである。しかし、肝心のクバーの数はそれほど増加していない。一九九一年のクバー数七二九三人と、当時の人口との比率を二〇〇八年のそれと比較すると、クバー一人当たり一九九一年は五八三人、二〇〇八年は六二七人となる。統計上、クバーを支える在家者の割合が高くなる理由は、ジュワがクバーにならずに還俗することにある。しかし、実質的な在家信者人口は反対に減少しつつある。かつての王都ルアンパバーンでは、今も朝の托鉢が行われているが、行道する出家者の列に食物の布施を行っているのは観光客である。つい五年ほど前までは、朝六時に炊き上がった湯気の出ているご飯を、熱心なおかみさんたちがクバーやジュワの鉢に入れる光景が見られた。しかし今では布施の食物は笹の葉にきれいに包まれた粽となり、早起きの観光客に托鉢用のお布施グッズとして売られ、おかみさんたちの貴重な現金収入となっている。布施の功徳は商業的価値に変容してしまったのだろうか。

盗まれる仏像

一九九五年、かつての王都ルアンパバーンが世界遺産（文化）に登録された。王の宮殿は国立博物館として生まれ変わり、フレンチコロニアルの様式を色濃く残す街路は、二〇〇二年ごろにはすっかり整備された。観光客の増加は、このころより急増する。そして、主だったワットに無造作に放置されていた仏像の流出も始まる。ラオスの情報文化省と身延山大学との共同調査で明らかになったことは、世界遺産指定域内の三十五のワットに安置、もしくはかつて安置されていた歴史的価値の高い大小の木彫仏一一七四体のうち、実に九十七体が紛失しているのである。最初の調査の完了が二〇〇七年、再調査が二〇〇九年から二〇一〇年春に行われたことから、わずか二年の間に全体の一〇パーセント近い仏像が紛失したことになる。仏像は例外なく鍵のかかる本堂や祠堂に置かれていたので、意図的に持ち出さない限り無くなることはない。つまり、現地をよく知り、目立たないように仏像（大きなものは二メートルほどになる）を運搬できることが可能な者たちの仕業と推測できる。これが世界遺産指定後の古都に起こった重大な変化である。王宮博物館などでは、仏像に対する歴史的価値を再認識させようと、啓蒙活動に乗り出している。

ワット・マノロームにあるサンガ小学校教室（ルアンパバーン）

五、どこへ向かう、ラオスの仏教

カギを握る教育システム

ラオスの上座仏教の今後を占う上で重要なファクターは、サンガの教育システムではないだろうか。上座仏教に対する社会のニーズにどのような対応をするか、今後も続くだろう一党支配体制下で、戒律に根ざした上座仏教のアイデンティティをいかように堅持するか、しないか、指導層の育成が急務であろう。

現在、出家が許され沙弥になることができる年齢は、十歳からである。しかし、生活困窮者の子どもや孤児などは、特別に十歳未満であっても出家が許され、ワットの生活が衣食住を保障してくれる。朝五時、首都ヴィエンチャンの路地裏で肩を寄せ合って寝ているストリート・チルドレンには、政府が用意したワットの出家生活を受け入れた者もいた。サンガの対社会的活動と見ることもできるだろう。

サンガでは中高の一貫教育が行われている。中等部三年、高等部三年の六年制が、二〇一一年より中等部は四年間となり七年制となる。学校は特定寺院がその役割を負っているため、決して充分な教場を得ていない。古都ルアンパバーンでは、ワット・シープッタパーで、約八百人の中高等部のジュワが、午前が中等部、午後が高等部と、教場を入れ替えて使用している。教師は三十七人である。小学校はワット・マノロームで、十一歳から十五歳までの三十人が三人の教師から学んでいる。もちろん教師はクバーである。一九九六年、ヴィエンチャンのオントゥ寺に初の仏教高等教育機関であるサンガ・カレッジが開校された。三年前の二〇〇七年からカレッジを四年制大学へ昇格する案が話し合われているが、未だ実現していない。タイの仏教大学への留学を希望する、若く才知あるジュワたちの流出に歯止めがかけられるだろうか。

衰退か、存続か

現在の都市化と、資本主義の価値観に若者たちが傾倒していく流れのなかで、仏教の衰退が本格化することを憂いている人物がいる。すでに七十歳をすぎたこの人物の名前は、スロット＝セーンカンフォン博士である。博士はインドのナーランダにあるパーリ学大学院で博士号を取得し、帰国後は政府と統一ラオス仏教連盟との間で両者の橋渡しを行い、常に仏教興隆のために尽力されてきた。博士は語る、「ラオス仏教は、クバーが大乗的な活動を取り入れれば生き延びるだろうが、それができなければ遠からず滅びてしまうだろう」と。

博士は、もう一度、ラオス人の信仰を喚起するために、ラオス語とパーリ語の対照による大蔵経の出版を自らの夢としている。ラオスには、オリジナルのパーリ語三蔵聖典の出版がない。貝葉写本を作成してきた伝統は、新しい出版を必要としなかった。しかし、その写本群は完全な三蔵を伝えてこなかった。

二〇〇二年、ラオス語による仏教辞書の刊行がヴィエンチャン国立大学のシーサウェーウィー＝スワンナ氏によってなされた。スロット博士の念願であるラオス語仏教聖典の刊行が始まる日は訪れるのだろうか。

失われた比丘尼サンガの復興

伊藤友美

一、宗教に生きる女性たちの出家の機会

毎月、満月の日（ポヤ・デーと呼ばれる）のスリランカでは、どの仏教寺院にも、布薩堂の床を埋め尽くすほど、多数の白衣をまとった在家信徒たちが集い、黄衣の僧侶の説法に聞き入っている。それらの在家信徒のうちの多くは、白いサリーに身を包んだ女性たちである。今日のスリランカ仏教の繁栄は、信心深い女性たちのサポートなしに存在し得ないものであるといえよう。しかし、近現代のスリランカおよび東南アジアの上座部仏教諸国では、女性が男性の僧侶（比丘《びく》）と同等の出家者である比丘尼《びくに》として出家をする機会が閉ざされてきた。いったん授戒師を失った比丘尼サンガ（僧団）は、二度と復興できないと、人々が固く信じてきたためである。

しかし、近年、スリランカではこうした旧来の社会通念が覆され、女性の比丘尼としての出家が

実現し、社会に比丘尼サンガが定着しつつある。現代スリランカにおける比丘尼サンガ復興は、民族を超えて伝播した仏教についての史実と伝承の入り混じった「歴史」と、グローバル化した現代における仏教徒の国際ネットワークとが絡み合って実現した、きわめて興味深い現象である。

ここでは主として、まず、古代セイロンにおける比丘尼サンガの招来と衰亡、そしてその歴史的な役割を概観した上で、二〇〇二年以降、筆者が関わってきた女性仏教徒の国際会議で得た知見と、二〇〇六年九月韓国、二〇〇八年二月スリランカ、二〇〇九年三月インド・サールナートで行ったインタヴュー調査に基づき、千年にわたって失われていた比丘尼サンガ復興を実現した、現代の女性仏教徒の国際ネットワークについて論じていきたい。

二、セイロン仏教の歴史と比丘尼サンガ

古代セイロンにおける比丘尼サンガ招来

仏典のなかで、仏教教団は、比丘（男性出家者）・比丘尼（女性出家者）・優婆塞《うばそく》（男性在家者）・優《う》婆夷《ばい》（女性在家者）の四つの集団からなる四衆《ししゅ》によって構成されるとされている。古代のスリランカ、すなわちセイロン島もまた、仏教の教えとともに、比丘・比丘尼のサンガをともに受容し、サンガを機軸とした社会を形成した。セイロン島に仏教が伝えられたのは、紀元前三世紀、アソーカ王がインドを支配した時代である。アソーカ王は、九つの方向に仏教伝道使節団を派遣したとされ

る。セイロンに派遣された使節団は、アソーカ王の息子、マヒンダ長老に率いられた四名の比丘と、見習い僧一名、在家信者一名であった。律《りつ》（サンガの成員である比丘・比丘尼が守るべき戒律）の規定によると、遠隔の地でサンガへの新規入門希望者に対し具足戒を授けるためには、五名の比丘が必要とされるので、マヒンダ長老の使節団はその要件を備えていたといえる。『大史』『島史』等、セイロンの年代記によると、マヒンダ長老は、セイロンの王デーヴァーナンピヤ・ティッサとその側近、王室の女性たち、住民たちに説法を行い、人々をつぎつぎと改宗させたという。

スリランカに比丘尼サンガが伝えられたのは、デーヴァーナンピヤ・ティッサ王の弟で副王の地位にあったマハーナーガの妃、アヌラーと彼女に従う五百人の宮中の女性が、比丘尼としての出家を望んだことに端を発する。アヌラーはマヒンダ長老の説法を聞き、その日のうちに預流果《よるか》の境地に達し、翌日にはさらに一来果《いちらいか》の境地に達したといわれる。マヒンダ長老は、自分たち比丘は女性を出家させることができないので、比丘尼として充分な経験を積んだ妹のサンガミッターと優れた比丘尼たちを招来し、比丘尼たちによってこの女性たちを出家させてほしい、という伝言を父アソーカ王に届けさせた。この要望を受け、サンガミッター長老尼は、十一名の比丘尼とともにセイロン島に渡った。その際、サンガミッター長老尼は、ブッダがその下で悟りを開いたといわれるブッダガヤーの菩提樹の南側の枝を、セイロンにもたらしたとされる。デーヴァーナンピヤ・ティッサ王は、自ら海に入って、菩提樹の枝とサンガミッター長老尼が率いる比丘尼の一行を出迎えた。こうして、サンガミッター長老尼は、セイロンにおける比丘尼サンガの礎を築いたとされる。

コロンボ郊外のケラニヤ寺院にあるサンガミッター長老尼来島の壁画

サンガミッター長老尼がもたらした苗木を移植したとされるアヌラーダプラの菩提樹は、キャンディ市にある仏歯と並んで、スリランカの仏教徒が最も誇りに思い、尊んでいる仏蹟の一つである。スリランカの仏教寺院には必ず菩提樹が植えられており、菩提樹とともにスリランカに女性のサンガが伝えられたことは、人々の間で忘れられることなく、今日まで記憶され続けた。

古代セイロンにおける比丘尼サンガの衰亡

その後、セイロンで比丘サンガと並んで比丘尼サンガが存在したことは、『島史』や『小史』などの年代記の記述、碑文、比丘尼寺院の遺構の発掘などからも窺える。これらの史料のなかで、比丘尼に関する記述や遺構は、比丘のものと比べその数が非常に少ないことから、古代セイロンの比丘尼サンガの規模はそれほど大きなものではなかったと推測されるが、比丘尼サンガは確かにその足跡を残している。

十世紀末から十一世紀初頭にかけて、南インドのチョーラ朝の侵攻により、セイロン島北中部のアヌラーダプラに拠点を置いた仏教王権は衰微し、サンガは、比丘・比丘尼ともに壊滅的打撃を受けたという。研究者の見解は、セイロンの比丘尼サンガが、この時期に失われたとすることでほぼ一致している。十一世紀後半、ヴィジャヤバーフ一世は島内を平定すると、ポロンナルワを拠点として仏教サンガの復興に尽力した。サンガ復興のため、王は、パガン朝アノーヤタ王治下のビルマに使者を派遣し、授戒師となる比丘とパーリ語の三蔵を招来した。このとき、セイロンの比丘サンガの復興についての記録は残されているものの、比丘尼サンガの復興に関する記録は発見されておらず、以後、セイロンの比丘尼サンガは失われたと一般に理解されている。

比丘・比丘尼は、単に彼らの僧院生活における規範を定めた戒律の項目を実行することのみによって、仏教サンガの成員として認定されるのではない。律は、新参者がサンガに加入する際の儀礼である受戒式に関して、詳細な手続きを規定している。新参者が比丘になる場合には、結界と呼ばれる儀礼空間のなかに、通常、十名の比丘が臨席して授戒が行われる。ただし、仏教の中心地から離れた遠隔の地で、受戒式に比丘十名の参列を求めることが困難な場合には、比丘五名の参列によって受戒式は成立し、新参者は比丘サンガへの加入が認定される。新参者の女性が比丘尼になる場合には、少なくとも二年間、式叉摩那《しきしゃまな》と呼ばれる見習いの尼僧として僧院生活を送った後、まず十名の比丘尼臨席のもとで受戒儀礼を行い、次に十名の比丘のもとで同様の儀礼を行う。こうした二段階にわたる煩雑な受戒式の要件は、元来、比丘と比べ少数であったと考えられる比丘尼サンガの継承、および復興を困難にしたと考えられる。近現代のスリランカおよび東南アジア上座部仏教国では、比丘尼サンガはすでに滅び、授戒師として戒脈を伝えてくれる比丘尼が存在しないため、女性はもはや比丘尼になることはできないと考えられてきたのである。

中国に渡ったセイロン比丘尼

セイロンの年代記には記されていないものの、セイロンの比丘尼サンガは、五世紀初めごろにその戒脈を中国の女性に伝え、東アジアにおける比丘尼サンガの成立に貢献したといわれている。梁代（五〇二～五五七）の学僧、釈宝唱によって編纂されたとされる『比丘尼伝』によると、宋代（四二〇～四七九）の四二九年、外国船主の難提が、都の建康（現在の南京）に師子国（セイロン）から八名の比丘尼を連れて来た。当時の中国では、比丘尼の授戒師が未だ存在しなかったため、比丘の授戒師のみによって女性の受戒式が行われていた。中国の尼僧たちは、正しく律に則して比丘・比丘尼両サンガによる受戒を望み、外国僧の求那跋摩《くなばつま》に相談した。求那跋摩はこれを支持し、新たに受戒式に必要な授戒師の資格を備えた比丘尼を含む十一名の比丘尼が師子国から招来された。中国の尼僧たちは故人となった求那跋摩に代わり、僧伽跋摩《そうぎゃばつま》の支援を得、四三三年、南林寺戒壇で改めて比丘・比丘尼両サンガから具足戒《ぐそくかい》を受けた。このとき具足戒を受けた女性は、三百人以上にのぼったという。こうして、中国でも律に則して受戒した比丘尼サンガが確立し、比丘尼の戒脈はさらに、朝鮮半島や台湾などの周辺地域にも伝えられた。現代の韓国・台湾では、比丘サンガに匹敵する規模の比丘尼サンガが、宗教的・社会的に大きな役割を果たしている。

二十世紀のグローバル化はアジア仏教諸国の交流を進展させ、スリランカ・中国・韓国・台湾などの僧侶が、こうした交流の「歴史」を共有するようになる。それが二十世紀末、現代スリランカにおける比丘尼サンガ復興の実現に寄与することになるのである。

三、現代スリランカにおける比丘尼サンガの復興

韓国サンガによるスリランカ女性の比丘尼受戒

現代スリランカ上座部仏教における比丘尼サンガ復興の端緒となったのは、一九九六年十二月八日、インド・サールナートにて行われた十名のスリランカ人ダサシルマーター（十戒を守るスリランカ仏教の女性修行者）の比丘尼受戒式であった。この受戒式は、インド・マハーボーディー協会会長・世界仏教サンガ会英語部門事務局長を務めるスリランカ人比丘ヴィプラサーラ長老によって企画され、韓国の比丘・比丘尼がスリランカ人ダサシルマーターに対して具足戒を授け、さらに参列したスリランカ人比丘たちが新たに誕生した比丘尼に上座部の黄衣を授け、上座部仏教の比丘尼として認定するというものであった。

ホラナの比丘尼寺院におけるダーナ

　スリランカ（セイロン）仏教は、かつてサンガが壊滅的打撃を受け、ミャンマー（ビルマ）やタイ（シャム）のサンガから招いた授戒師によって、比丘のサンガを復興したという歴史を有する。過去の比丘サンガ復興が、ビルマやシャムといったセイロンときわめて親近性のある上座部仏教のサンガによるものであったのに対し、現代の比丘尼サンガ復興は、哲学的な面でも、戒律の系統の面でも、僧院生活の形態の面でも、顕著な相違点が見られる東アジア仏教のサンガによるものであった。それ故、スリランカ人女性の比丘尼受戒式に先立って、スリランカ・韓国両国における仏教サンガの相違点と受戒の是非について慎重な検討が行われた。

　スリランカの仏教は一般に上座部仏教と呼ばれ、パーリ語で書かれた三蔵を聖典とし、持戒・ヴィパッサナー瞑想・真理への洞察力を通じて、アラハン（阿羅漢）となり、涅槃に至ることを目指す。現代スリランカのサンガが継承している戒律のテクストは、「パーリ律」と呼ばれるものであり、比丘は二百二十七戒、比丘尼は三百十一戒の具足戒を守る。また、サンガの成員は、小さく裁断した布を水田のような形に縫い合わせた、オレンジ色ないしは黄土色の黄衣を着用している。

他方、韓国の仏教では大乗仏教の理念に基づき、伝統的に参禅を中心とした修行が行われており、厳格な出家生活が維持されてきた。現代の韓国曹渓宗では、出家の道を志すものが受戒式を迎えるまでに数年をかけ、段階を踏んだ僧院教育を施している。曹渓宗の比丘・比丘尼は、「四分律」と呼ばれる律のテクストを継承し、比丘は二百五十戒、比丘尼は三百四十八戒の具足戒を守る。また、受戒式に際し、韓国の比丘・比丘尼は具足戒とともに菩薩戒を受け、燃える線香で腕に焼印を押す儀礼を伴う。そして、曹渓宗の比丘・比丘尼となったものは、明るいグレーの僧衣の上に、茶色の袈裟をまとう。

一九九六年に現代最初のスリランカ人上座部比丘尼となったクスマ・ディヴェンドラは、スリランカ仏教と韓国仏教の律のテクストを比較検討し、パーリ律における比丘尼戒三百十一戒は、すべて四分律における三百四十八戒のなかに含まれていると指摘した。また、両者の受戒儀礼も原型となる律の規定が共通しているため、基本的には共通のものであり、韓国の儀礼には東アジア仏教のなかで発展した、独自の要素が付け加わっていることを示した。また、比丘尼サンガ復興を支持するスリランカ人女性知識人へマ・グナティラケは、東アジアに比丘尼サンガを伝えたのがスリランカの比丘尼であったという「歴史」について、初めてシンハラ語で著述して、スリランカ社会に対して公表し、韓国や台湾のサンガからスリランカに、比丘尼の戒脈を再移入することの妥当性を訴えた。比丘尼サンガ復興に対し、スリランカ国内にはかなり強い反対意見も存在していたものの、スリランカ国外で活躍するスリランカ人比丘や韓国のサンガによる積極的サポートが、クスマをはじめとする十名のスリランカ人女性の受戒の決意を後押しし、スリランカ国外で現代最初の、スリランカ比丘尼受戒が実現したのである。

宗派を超えた仏教徒の国際ネットワーク

一九九六年にインド・サールナートで現代最初のスリランカ比丘尼受戒式を企画したヴィプラサーラ長老は、すでに故人であるが、彼の功績に詳しいK・シリスメダ長老（インド・マハーボーディー協会副事務局長）は、そのきっかけがヴィプラサーラ長老の豊富な国際経験に基づく柔軟な発想にあったと語る。海外経験の乏しいスリランカ比丘や一般のスリランカ人仏教徒は、上座部の比丘尼サンガはすでに途絶えており、授戒師を失ったサンガは復興できないという旧来の観念にとらわれており、現状に疑問を感じることはなかったという。これに対し、ヴィプラサーラ長老は、韓国や台湾など比丘尼サンガが継承されている国々では、女性が比丘尼として比丘と同等の役割を充分に果たしていることを実際に見聞しており、スリランカ仏教において女性が男性と対等な形で出家できないことに対し、西洋人仏教徒をはじめ、諸外国の仏教徒から批判があることを知っていた。ちょうど、クスマ・ディヴェンドラが「サキャディーター国際女性仏教徒会議」（Sakyadhita In-

クスマ比丘尼（中央）とその弟子たち

ternational Buddhist Women's Association）を通じて、上座部比丘尼サンガ復興を訴えていることを知り、ヴィプラサーラ長老は、クスマに対し、彼女自身が現代最初の比丘尼となって、スリランカ比丘尼サンガ復興をリードしていくことを説得したという。

クスマは、比丘尼になる以前には科学者として海外で学位を修め、また妻・母親としての役割を果たしながらヴィパッサナー瞑想を深め、家庭にありながら常に白いサリーを着用し、八戒を守っていた。彼女はパーリ仏典の研究、さらにはダサシルマーターと呼ばれるスリランカ女性修行者に関する調査によって複数の博士号を取得しており、瞑想センターやメディアにおいて精力的な瞑想指導を行っていた。仏教に関する学識の面でも、瞑想修行によって培われた人格の面でも、クスマはスリランカ社会で高い尊敬を集めていた。しかし、彼女が自ら現代最初の上座部比丘尼となる決意を固めた際には、長年、彼女とともに比丘尼サンガ復興に向けた活動を行ってきたランジャニー・デ・シルヴァがその翻意を促すほどに、当時のスリランカ社会では、比丘尼サンガ復興に対する反発は強かった。クスマは、スリランカ仏教における恵まれない女性修行者の現状、三蔵に描かれたブッダの時代の女性と比丘尼、スリランカに伝わるパーリ律と韓国に伝わる四分律の比丘尼戒についての比較等の研究により、比丘尼サンガ復興の必要性と妥当性を確信し、逆風のなか、その意志を貫いたのである。

（左から）ランジャニー、クスマ比丘尼、相源比丘尼

韓国仏教界の支援

一九九六年の受戒式を支援した韓国の相《サン》源《ウォン》比丘尼によると、韓国側も、現代スリランカ上座部仏教における比丘尼サンガ復興に向けて全面的に協力した。世界の仏教僧の代表か

らなる「世界仏教サンガ会」（World Buddhist Sangha Council）は、一九九〇年の会議で、女性仏教徒は八戒や十戒の修行者に留まるべきではなく、比丘尼となって在家者に対し教えを説く役割を果たすべきであるという決議を行っており、韓国代表はその決議の実現に向けて、実質的な支援を申し出た。受戒式や新参比丘尼の教育にかかる費用は韓国側が全面的に負担し、相源比丘尼は受戒式に先立つ一年間、受戒予定のスリランカ人女性に対し、比丘尼となるための僧院教育を施した。一九九六年の受戒式では曹渓宗トップの西庵《ソアン》宗正が授戒し、韓国仏教を代表する高僧が多数参列した。

相源比丘尼は、三十年ほど前に韓国の比丘尼として初めて海外に留学し、スリランカで三年間過ごした経験を有することから、しばしば英語の運用能力が求められる仏教の国際会議に韓国代表として参加していた。上座部仏教圏でも、チベット仏教圏でも、現代まで比丘尼サンガが伝わっていないため、かつては各国の仏教僧の代表による国際会議の参加者の多くが男性の僧侶であり、比丘尼である相源は会議の場で目立った存在であったという。国際会議等の機会を通じて、実際に比丘尼という存在に接することが、比丘尼サンガが断絶していた上座部仏教圏の比丘にとって、旧来の認識を改める大きな刺激になっていたと考えられる。

四、台湾仏教界の支援とその後の進展

一九九六年十二月の受戒式の後、現代上座部仏教における最初の十名の比丘尼たちが、すんなり

とスリランカ社会で受け入れられたわけではない。彼女たちの受戒はスリランカで大きく報道され、賛否両論が巻き起こった。しかし、一九九八年二月にはインドのブッダガヤーで、台湾の仏光山グループのスポンサーによる大規模な国際受戒式が行われ、スリランカの有力比丘スマンガラ長老の支援を受けた二十名のスリランカ人ダサシルマーターが、一九九六年の受戒式とほぼ同様の方法で受戒し、比丘尼となった。一九九八年に受戒した比丘尼たちは、スリランカにおける比丘尼受戒を組織化し、その後、比丘尼となる女性を増やしていった。スリランカではその後、さらに複数のグループが比丘尼受戒の機会を提供している。正確な統計ではないが、スリランカ人比丘尼スペーシャラーによると、二〇〇八年二月までに、スリランカの比丘尼は約六百人、沙弥尼（比丘尼になる前段階の見習いの尼僧）は約二千五百人までに増加し、比丘尼の存在はすでにスリランカ社会に定着している。

スリランカにおける比丘尼サンガの復興は、比丘尼サンガが継承されなかったタイの上座部仏教やチベット仏教の女性たちに大きな刺激を与え、それぞれの社会における比丘尼サンガの導入に向けた動きへと連動している。

4

現代に生きる密教

モンゴル

草原の民の仏教

金岡秀郎

一、世界最北・最西端の仏教

サンクト・ペテルブルクの仏教寺院

ロシア帝国の古都サンクト・ペテルブルクの郊外にモンゴル仏教の寺院グンゼイチョイネイ・ダツァンがある。この寺は一九一〇年、バイカル湖畔のブリヤート・モンゴル出身の僧侶ドルジイェフによって建てられたもので、ロシア在住モンゴル人の信仰の場となったのみならず、シチェルバツコイなど多くのロシアの仏教学者が研究のために通い詰め、ヨーロッパ東洋学の発展にも多大の寄与をした。グンゼイチョイネイ・ダツァンはロシア正教が当然の環境にあって、ロシアのインテリゲンツィアや貴族が庇護して文化サロンのごとくに繁栄した。

社会主義ソビエト時代の弾圧と冷遇を乗り越え、こんにちなおこの寺にはモンゴル系の人々とほ

ロシアのサンクトペテルブルクにあるモンゴル系寺院、グンゼイチョイネイ・ダツァン

ぼ同数の碧眼のロシア人が参詣や法要、人生相談に訪れ門前市を成している。それに応える僧侶にはモンゴル人に混じってロシア人尼僧の姿も見える。

フィンランドを間近に見るグンゼイチョイネイ・ダツァンは世界最北の仏教寺院であり、その発信源となったブリヤート・モンゴルは世界最北の仏教文化圏である。仏教がブリヤートに伝わったのは十七世紀中ごろ、伝えたのは漢北のハルハ・モンゴル、すなわち現在のモンゴル国の人々であった。これらモンゴルを母体とする仏教は、世界最北の仏教と総括することができる。

ヨーロッパ唯一の仏教国

さらにカスピ海北岸に目を転ずると、そこには西部モンゴル人のオイラド族の居住区であるロシア連邦カルムィク共和国がある。ここでもその都のエリスタを中心にモンゴル系の仏教が生きている。世界地図を鳥瞰すれば、カルムィクの仏教は西端の仏教文化圏であることがわかる。ロシア連邦に属するとはいえ、カルムィクはヨーロッパ唯一の「仏教国」といえる。仏教は「東洋の宗教」とされながら、モンゴル人は「西洋」の一角を仏教国としたことになる。なお寺院単位で見ると、サンクトペテルブルクのグンゼイチョイネイ・ダツァンは世界最北と同時に最西端に位置している。

モンゴル民族の伝統的な生活形態は遊牧的牧畜であり、定住せず家畜を追って季節移動をこととしてきた。遊牧に根ざした騎馬戦術により十三世紀初頭にはチンギス・ハーンの指揮のもと、モンゴルは人類史上最大のモンゴル帝国を建てた。南アジアの宗教である仏教がはるか北西の地に弘通《ぐづう》したのは、モンゴル民族の歴史上の足跡と軌を一にした結果である。

仏教伝播の東端の日本、南端のジャワに対し、モンゴル仏教は北と西の極限に開花したものであった。

二、仏教の伝播と仏典のモンゴル語訳

チベット仏教の伝来

十三世紀初頭、チンギス・ハーンは騎馬戦術を駆使して、中央アジアやペルシャを落として世界

最大のモンゴル帝国を築いた。その孫のホビライ（フビライ）将軍は、南宋を破ってシナ本土を手に入れた。やがてホビライはハーンとなり一二七一年にシナに元朝を建てるが、これに先立つ一二四七年、チベットのサキャ派の高僧サキャ・パンディタとその甥のパクパは、モンゴルにやって来て初めて仏教を伝えたとされる。

パクパはホビライの宮廷にあって仏教入門書『知るところを明らかにする書（彰所知論）』を著し、そのなかで釈尊の系譜とチベット諸王の系譜、さらにモンゴル皇帝の系譜を順を追って書いた。のちのモンゴル語の歴史書ではこの三つの系譜は完全につなげられ、狼の子孫とされてきたチンギス・ハーンは釈尊の子孫として記述されることとなった。仏教モンゴルの誕生である。

パクパはモンゴル語を表すための文字を創った功績などにより、ハーンの師匠である帝師という高い地位を得た。パクパもハーンを仏教の理想的国王たる転輪聖王と位置づけ、都の大都（現・北京）で多くの法要を勤修した。こうした聖俗の蜜月関係により、仏教は宮廷を中心にして大いに繁栄した。

モンゴル仏教で特筆すべきことは、四世紀をかけてチベット語の仏典をほぼすべてモンゴル語に翻訳したことである。一三〇五年に『入菩提行経』が翻訳され、あわせてその注釈書がモンゴル語で書かれたのを皮切りに、元の時代には仏伝や『五護陀羅尼』『金光明経』などが翻訳された。この時代に研究・翻訳された経典は中観や密教に属するもので、後世のモンゴル仏教の方向性を定めたといえる。

モンゴル語訳仏典の完成

モンゴル帝国はシナに築いた元朝を一三六八年に失うが、政治的零落とは反対にモンゴル仏教はいっそう発展した。

北方の君主となったアルタン・ハーンは、チベットのゲルク派の高僧ソナムギャンツォに最初のダライ・ラマの称号を奉呈し、これ以後モンゴルが施主となりチベットの仏教を護持する関係が構築された。アルタン・ハーンは熱心に仏教に帰依し、その保護のもと優秀な翻訳家が現れて、膨大な経典がモンゴル語に翻訳された。

十七世紀初頭、満洲人の建てた清の時代になると、モンゴルは同じ北方民族として政権の一翼を担った。清朝はモンゴル文化を厚く保護し、康熙《こうき》帝の時代に写本のモンゴル語一切経は一〇八巻一一六一経を擁する木版で印刷され、モンゴル全土にもたらされた。さらに乾隆《けんりゅう》帝の時代には、経典の注釈である論書も二二五巻三四二七論を有する大部の集成として木版印刷された。母語の仏典の出版は、モンゴル仏教の一大モニュメントとして刮目すべきである。

三、菩薩への祈り

観音菩薩の信仰

仏教弘通以前のモンゴルでは自然崇拝が広く行われていた。チンギス・ハーンも戦争など国家の

民主化後に再建されたガンダン寺観音堂内の観音立像（ウランバートル）

重要な事柄の決定は、シャマンを通じて「青き永遠の天」におうかがいを立てた。人を圧倒するモンゴルの大自然は遊牧経済に恩恵を与えるとともに畏怖の対象であり、最高神の天をはじめとして星辰、大地から山川にいたるまでが崇められていた。大乗仏教、ことに密教のマンダラの仏菩薩のパンテオンは、モンゴルのこうした多神教的な風土に違和感なく受容されていった。

数多ある諸仏諸菩薩のなかで、モンゴルでもっとも人気を集めた尊格は観音菩薩である。観音菩薩は多くの化身を持つことで知られ、なかでもその涙から生まれたとされるターラー女神はモンゴルで広く尊崇されている。ターラーはモンゴルではダリ・エヘ、すなわち母なるターラーと称され、理想的な女性像を具現したとされる二十一種のターラー像が各寺院に祀られている。ターラーは観音同様、慈悲の菩薩であり、衆生済度の功徳を求めて人々はその像に祈願し礼拝してきた。

　モンゴルの観音菩薩でもっとも有名なのは、ウランバートルのガンダン寺に祀られている高さ二六メートルの立像である。この観音像は二十世紀のはじめにモンゴルの皇帝を兼ねた活仏が眼病をわずらい、その平癒のために国民の喜捨により建立された。そのため開眼観音と名づけられている。往時には多くの参詣者で賑わったが、旧ソ連が共産主義の同志の名目で持ち去り機関銃の弾丸にしてしまった。それを悲しんだモンゴル人は民主化後の二〇〇〇年、再び喜捨を募り再建した。こんにちでは、観音菩薩の真言とされるオンマニパドメーフーンを唱える参詣者の列が絶えない。

弥勒信仰とマイダリ祭

観音菩薩とならんで人気が高いのは弥勒菩薩である。弥勒信仰はもともとチベットの大学匠ツォンカパの信心に起源を持つ。ツォンカパの弟子や信者は、弥勒菩薩の浄土である兜率天を意味するガンデンの名を持つ寺院をチベットに建立した。モンゴルに建てられたガンダン寺も、チベット語のガンデンが転訛したものである。

　チベットやモンゴルにおいて弥勒菩薩は、八億年後の無仏の世に兜率天より降って衆生済度する未来仏である。汚濁にまみれたこの世にあって、モンゴルの人々は弥勒菩薩の姿を見ただけで救われると信じている。その願いをかなえるためにモンゴル各地で行われるのがマイダリ祭である。マイダリとはサンスクリット語のマイトレーヤで、弥勒を表す。

この祭礼はモンゴルの寺院で十七世紀以来行われているもので、社会主義時代の断絶を経て一九九七年に復活した。祭礼には緑色の馬や象の頭部をあしらった色とりどりの山車に弥勒菩薩を載せ、僧俗がこれを曳いて、寺院を中心にして市中を練り歩く。山車の前方には楽器を演奏する僧侶が先導し、視覚・聴覚ともに賑やかな光景である。人々は往来で弥勒菩薩の車を待ち、供養礼拝してそれぞれの利益を求める。

弥勒信仰が教理的にも盛んだったことは、モンゴルでもっとも広まった経典のひとつに弥勒菩薩が説いたとされる『大いなる解脱』があることからも知られる。

四、活仏の尊崇

ジェプツンダンバ活仏

祈りの対象となる仏菩薩は肉体を備えていないが、同じ功徳を有しながらも人間の姿でこの世に現れるのが活仏、生き仏である。活仏は慈悲の心のために何度も生まれ変わってこの世に留まり、衆生の面前に現れて済度する。生まれ変わることを転生といい、チベットのダライ・ラマと同じくモンゴルにも多くの活仏が現れ続けた。活仏には名跡《みょうせき》があり、それぞれの名跡で何代もの活仏が転生していった。

モンゴルで最古かつ最高の活仏の名跡はジェプツンダンバといわれ、十七世紀に活躍した初代から二十世紀の人民革命期の八世まで転生した。このうちモンゴルの文化に最大の貢献をしたのは、初代のザナバザルである。ザナバザルは政教両面の指導者であったのみならず、多くの仏画・仏像を残してモンゴル仏教美術の祖となった。清の雍正《ようせい》帝はザナバザルが遷化すると弘法大師の尊号を贈ったが、偶然とはいえその活躍の幅は日本の空海に重なる。

ザナバザルが転生した二世は、モンゴル最大の木造建築であるアマルバヤスガラント寺を建立した。五世は肥沃な山岳地帯にガンダン寺を創建、その地が門前町として発展して今日のウランバートルになった。八世は一九一一年にモンゴルのハーンを兼ねるなど、ジェプツンダンバ活仏が長い時代にわたってモンゴル人の中心にあったことがわかる。その血脈《けちみゃく》は人民革命で一旦断絶したが、現在インドにチベット人の九世が転生し、彼がモンゴルを訪問したときは熱狂で迎えられた。

ザナバザル像（ザナバザル美術館／ウランバートル）

ダンザンラブジャー活仏

活仏はモンゴルの諸地方にも現れて、それぞれの土地で民衆を教化した。乾燥地帯のゴビにはノヨン・ホトクトという名跡ができ、一八〇三年に生まれた五世のダンザンラブジャーは、モンゴルを代表する知識人として今なお敬愛されている。ダンザンラブジャーは仏教のみならず医学や薬学の知識も深く、詩歌や音楽の才能にもあふれ多くの著述や作品を残した。自作の脚本による仏教オペラを演出して、モンゴル中を公演して人々を楽しませつつ教導した。また、当時は庶民の女子が教育を受ける機会の少なかったことを嘆き、女子校をつくり男子に劣らぬ指導をした。自ら執筆した図入りの初等教育の教科書や楽譜なども残っている。

ダンザンラブジャーが今なお人気があるのは、韻律も思想もすぐれた詩を多く残したためである。その詩は現代もなお人々に愛唱され、活仏でありながら彼を詩人として見る人も多い。なかでも『恥ずかしや、恥ずかしや』という詩は、一般庶民から貴族、役人、医者、僧侶など、あらゆる人々の恥ずべき行動を歌ったもので、国や時代を超えた普遍性を有するものと評価できる。『良質』と題する詩では、女性の素晴らしさを歌い上げ、保守的な仏教界からは批判されたが、現代ではメロディをつけて恋愛歌として歌われている。

ダンザンラブジャーの遺著や遺品は千五百もの箱に収められたが、社会主義時代にソ連兵やモンゴル兵によってほとんどが焼かれてしまった。密かにこれを守った篤信者によって六十四箱が難を逃れ、こんにちに伝わっている。

ダンザンラブジャー活仏が作った小児教育用の教科書。沙漠の地下より発見された

五、仏教の生活

僧侶の修行

仏菩薩をあがめ、活仏を尊崇する。こうした仏の国の伝統を持つモンゴルでは、共産主義時代の断絶を挟むとはいえ、長らく人々は仏教的な生活を送ってきた。現代のモンゴルで、法衣をまとったままの僧侶がデパートで買い物したりレストランで食事している姿も、俗世の日常に違和感も反撥もなく溶け込んでいる。仏教僧侶と在家との密着度を感じさせる光景である。

しかしそうした僧侶も寺院の中では古式に則った法式で勤行や修行をしている。幼児を含む修行僧たちは未明から身心を清め、早朝の勤行に参ずる。あるものは朝食のバター茶を準備し、あるものは五体投地礼《ごたいとうちらい》に励む。勉学も厳しく、チベット語仏典にもとづく仏教学のみならず、医学・占星術・韻律学・論理学など大小の五明《ごみょう》といわれる多様な学問を、長年月にわたって修めなければならない。現代では多くの僧侶は肉食妻帯をするが、八斎戒といって月の特定の日を決めて本来の戒律を持する生活を送っている。

在家における僧侶の役割

一方、在家信者も寺院に参詣し、それぞれの伽藍や尊像や仏塔の前に置かれた台を用いて五体投地礼をしたり合掌して参拝する。さらに故人の冥福や家内安全、旅行の無事などを願って僧侶に法要を依頼するものも多い。寺院にはゾルハイチといわれる専門の占星術師の僧侶がいて、信者はしばしば重要な事柄に関連する方位や時期・時刻を占ってもらいにやって来る。

かつて僧侶と在家信者の関わりは日常生活の万般にわたっていた。子供が生まれると多くは僧侶に名づけてもらったし、結婚の日取りもゾルハイチに占ってもらった。モンゴル人の名前にチベット語が多いのも、僧侶が名づけ親だった伝統による。日本の大相撲に進出してきたモンゴル相撲も、かつては活仏に奉納される儀礼であった。

多彩な僧俗の関わりのなか、一般のモンゴル人にとって僧侶が果たすもっとも重要な役割は葬送である。モンゴルには日本のように寺檀制度はないが、信者は近隣寺院や縁のある僧侶に葬儀を依頼する。これを受け僧侶は葬儀の日取りや時間、遺体を家から出す方位などを占いにより決定し、葬儀当日は読経によりすみやかな成仏を祈る。さらに中陰の思想にもとづき、四十九日には遺族が参列して法要が営まれる。人民革命以前には風葬か土葬が多かったが、民主化以後は都市部を中心に火葬が増えた。ウランバートル近郊の火葬場には斎場も設置され、法要を待つ人の列が絶えない。そこには遺骨を祀る祭壇もあり、遺族は墓参と同じように参拝に訪れている。

民主化以降はチベット系仏教のほか、坐禅を指導するインドの仏教団体や、日本や韓国の新宗教も広く布教を展開し、英会話の無料指導などを通じて欧米のキリスト教系団体も信者を獲得し始めている。ガンダン寺を中心とする伝統的なモンゴルの仏教寺院はこうした状況に危機感を抱きつつ、旺盛な出版活動などを行って教勢の維持発展に努めている。

六、仏教の衰退と復権

共産主義者の仏教弾圧

モンゴルではかつて成年男子の半分が出家するほど仏教が行き渡った。しかしその繁栄も、共産主義の支配により一時は根こそぎ大打撃を受けた。モンゴル仏教にとって最悪の災厄は、共産主義支配であったと断言せねばならない。

一九一一年、辛亥革命で清朝が滅びると、内外蒙古には独立の好機が訪れた。かくて一九二一年に外蒙古はソ連の援助でモンゴル人民共和国として独立を果たしたが、内蒙古は日本の協力を得て

共産党の破壊を免れたオグタール・サンギン・ダライ寺（中央ゴビ）

戦ったものの、日本の敗戦により中華人民共和国内蒙古自治区に組み込まれた。また最北のブリヤートや西端のカルムィクは、独立を果たせずソ連の共和国に編入された。総じて清朝滅亡後の各モンゴルは共産主義政権に支配され、その結果、モンゴル仏教も過去の繁栄から一転、零落と弾圧の辛酸を嘗めた。

モンゴル人民共和国では、一部に中央ゴビのオグタール・サンギン・ダライ寺のように、為政者の気紛れとも思われる偶然により破壊を免れた寺院もあるが、ほとんどはソ連兵とモンゴル兵の蛮行により灰燼に帰した。経典や仏像・仏具も棄損され、多数の僧侶も粛清された。サキャ派とゲルク派を双修《そうじゅ》する珍しい名刹のハマリン・ヒード寺も、住持のダンザンラブジャー活仏の遺著とともに多くが焼却されてしまった。対外的な瞞着のため、ウランバートルのガンダン寺のみは宗教活動が許可されていたが、それとて政府の監視下に置かれたもので、信教の自由からはほど遠いものであった。

中国内蒙古では対日協力者とか民族分離主義者などとする讒謗《ざんぼう》により、文化大革命中に多数のモンゴル人が虐殺され、活仏らは還俗させられて仏教は衰退した。現在もなお宗教活動は、多大な制限をこうむっている。

民主化後、ウランバートルに建立されたバクラ寺における勤行風景。社会主義時代禁止だった若者の出家も解禁された

　ソ連邦のブリヤートでは一九三〇年代から四〇年代に寺院破壊と僧侶の逮捕・粛清があったが、ブリヤート人が第二次大戦に協力したため、スターリンは新寺院イヴォルギンスキー・ダツァンの建立を許可した。とはいえ、ソ連時代のモンゴル仏教に昔日の面影はなくなっていた。

民主化後の仏教復権

　こうしたモンゴル仏教の退潮に歯止めがかかったのは、一九九二年、モンゴル人民共和国が社会主義一党独裁を放棄して、モンゴル国として再生して以来のことである。モンゴル人は奪われた民族のアイデンティティをチンギス・ハーンと仏教の復権に求め、全土で寺院復興と僧侶育成や布教を開始した。近年はガンダン寺の宗教大学を中心に仏教研究も盛んで、種々の出版社から出されたモンゴル語やチベット語の仏書が書店にあふれるようになった。共産主義時代、当局を恐れて仏教を迷信と言った若年層も、今や各地の寺院を訪れている。仏教は完全に復権したといえる。

こうしたなか、政治的に不如意なチベット亡命政府のダライ・ラマはモンゴル国をたびたび訪問し、自由化なったこの国をチベット系仏教の中心に位置づけ始めている感がある。

カトマンドゥ盆地に生きるネワール人の仏教

山口しのぶ

一、インド仏教の伝統を受け継ぐネワール仏教

ネパールは一四・七万平方キロメートル、北海道の約二倍の広さの国土を持ち、人口は二六四〇万人余りである（二〇〇七年統計）。そこにネパール人、シェルパ人、タマン人など、それぞれ固有の言語を母語とする人々が住んでいる。「ネパール」といえば、ヒマラヤの山あいのひなびた場所、というイメージを思い浮かべるかもしれない。しかしながら、この国の政治、社会、文化の中心地であるカトマンドゥ盆地には、チベット・ビルマ語系のネワール語を母語とするネワール人たちによって、高度な都市文明が営まれてきた。このネワール人たちの間で信仰されている仏教は、「ネワール仏教」と呼ばれている。

ネパールは最近までヒンドゥー教を国教としており、ヒンドゥー教徒と比べれば仏教徒の数は少

ない。しかしながら現在、ネパールにはネワール仏教のほかに、難民としてネパールに来たチベット人たちによるチベット仏教、近年広まった上座仏教、チベット仏教の影響を受けたネパール山岳地帯の仏教などが存在する。そのなかで筆者がかねてから調査研究を進めてきたネワール仏教は、十三世紀に滅んでしまったインド大乗仏教、密教の伝統を受け継いでいる。

ネパールの歴代の国王はヒンドゥー教徒であったが、仏教も保護した。六世紀のリッチャヴィ朝期には、この地にはすでにインドから仏教が伝わっていたといわれる。七世紀、アンシュヴァルマン王の時代には、王自身はシヴァ神を厚く信仰したが、大乗仏教も広まり、釈迦如来のほかに阿弥陀如来、観自在（観音）菩薩、普賢菩薩などが礼拝されていた。すでにこの時期、カトマンドゥ盆地には密教が伝わっていたが、十世紀ごろ以降、密教が大乗仏教に取って代わり主流となった。中世期のカトマンドゥ盆地では仏教とヒンドゥー教は共存しており、ヒンドゥー教徒であった歴代国王も、ヒンドゥー寺院とともに仏教寺院も設立し、また著名な仏塔や寺院に参拝したという。

二、儀礼を重視するネワール仏教

カースト制と儀礼主義

十四世紀のスティティ・マッラ王の時代に、ヒンドゥー教のカースト制度がネワール人社会で確立された。その結果、現在のネワール仏教徒社会にも、元来仏教にはなかったカースト制が導入さ

「七種無上供養」（サト・プジャ）と呼ばれる供養（ジャマラ・バハ寺院／カトマンドゥ）

れ現在に至っている。ネワール仏教徒のカースト制において、一番上層にあるのが僧侶カーストである。僧侶カーストは、さらに「ヴァジュラーチャールヤ」（金剛阿闍梨）と「シャーキャ」（釈氏）という姓を持つサブ・カーストに分かれるが、現在は両者とも在家の仏教僧である。一方、僧侶以外の仏教徒たちもそれぞれ商業、手工業、農業などを生業とするカーストに所属し、特定の僧侶の施主となり、儀礼を行ってもらっている。

ネワール仏教では、儀礼が非常に重要である。カトマンドゥやパタンなどの町を歩いていれば、ほぼ毎日、仏教寺院で儀礼が行われているのを目にする。仏教は当初、出家僧が悟りを目指して修行することに主眼を置き、儀礼に対しては冷淡だった。しかし大乗仏教の時代になり、一般信者が宗教行為に参加するようになると、仏教は儀礼を取り入れるようになった。さらに密教が広まると儀礼はますます盛んとなり、悟りを得るための瞑想修行と並んで、仏教のなかで重要な位置を占めるようになった。密教的要素の強いネワール仏教では、日常儀礼、年中行事、通過儀礼などの定期的に行われる儀礼や任意に行われる儀礼において、仏や神々に供物を捧げる「供養」（プジャ）や、火中にバター油や穀類を投じて礼拝する「護摩」（ホーマ）がよく行われる。

ネワール仏教の仏と神々

ネワール仏教でこのような儀礼の対象となる仏たちは、主にインド密教で信仰の対象であった尊格だが、ネワール仏教ではとくに、「チャクラサンヴァラ」（勝楽尊）、「ヴァジュラ・ヨーギニー」（金剛瑜伽女）など、インドで八、九世紀ごろから盛んになった後期密教の仏たちが重要視される。たとえばネワール仏教僧の中でもヴァジュラーチャールヤのカーストに属する人々は、密教僧の資格を得る「金剛乗」（ヴァジュラヤーナ）と呼ばれる儀式において、チャクラサンヴァラの尊像の前で入門儀礼を行う。この仏は妃と交わり、どくろや人の生首を身につけ、手には武器や梵天の頭を持った恐ろしい姿で表される。このような恐ろしい姿は、後期密教仏の特徴である。チャクラサンヴァラの仏像は通常「アガム」と呼ばれる場所に安置され、寺院内でも滅多に見ることはできない。後期密教の仏以外にも、日本の金剛界曼荼羅にも登場する大日如来をはじめとする五仏、大乗仏教の重要な菩薩である観音や弥勒、文殊などが有名である。またこれらの仏たちが集うマンダラもよく知られており、金剛界マンダラ、法界語自在マンダラ、葬式に用いられる悪趣清浄マンダラなどが重要である。人々は僧侶に頼んでこれらの仏や神々、またマンダラに対して供養や護摩を行ってもらい、家内安全、幸福などを願うのである。

▲後期密教仏チャクラサンヴァラ
(ガウタム・ラトナ・ヴァジュラーチャールヤ氏画)

三、グンラー・ダルマの祭礼と巡礼

ネワール仏教徒の聖なる月

「ヤッ、ヤッ、ヤッ！」というような掛け声で目が覚める。まだ夜が明けるか明けないかの時間だ。二〇〇九年八月、私はカトマンドゥにいた。この時期は、ネワール仏教徒たちにとって最も聖なる月である「グンラー・ダルマ」の期間中だった。「グンラー」とはネワール人たちが独自に用いるネワール暦の月の名称だが、ネパールで一般に用いられる太陰太陽暦ヴィクラム暦では、シュラーヴァナ月上弦第一日から翌バードラ月下弦最終日までの約一か月間（西暦で七〜八月）がこの時期にあたる。

グンラー・ダルマにおいては、さまざまな行事が行われる。寺院内の堂には過去仏の一尊である燃灯仏（ディーパンカラ・ブッダ）をはじめとして、数多くの仏像が特別に陳列される。また、「五種の贈り物」（パンチャ・ダーナ）と呼ばれる行事では、仏教徒たちが米や豆、小麦など五種の供物を僧侶に贈り、その代わりに僧侶は信者たちに経典を読んで聴かせる。この時期はネパールでは雨期にあたり、グンラー・ダルマはインド初期仏教の「雨安居」（雨期に僧侶たちが定住して修行生活を行うこと）を反映しているともいわれる。

ネワール仏教の一大聖地、スワヤンブー・ナート寺院

グンラー・ダルマの期間、ネワール仏教徒の行事で最も中心となるのは、スワヤンブー・ナート寺院への参拝である。この寺院は、カトマンドゥ市北西部にあるネワール仏教の総本山である。ヴァジュラーチャールヤやシャーキャなどの僧侶カーストをはじめとして、「ウダス」と呼ばれる商人カースト、また「ジャープ」と呼ばれる農民カーストなど一般の信者たちは、夜明けごろから寺院に向けて出発する。

仏教寺院クワ・バハの堂内に陳列された燃灯仏の像（パタン市）

彼らの多くは「グティ」（宗教行事などの目的で任意に形成されるグループ。日本の「講」制度に似ている）ごとにまとまって、太鼓やシンバルなどを鳴らしながら、寺院に向けて歩いて行く。私が明け方聞いたのは、彼らの掛け声だったのだ。

スワヤンブー・ナートの大仏塔。手前の建物はハーリーティー女神の祠堂（カトマンドゥ）

「ちょっと遅すぎるかな」と思いながら、朝九時ごろスワヤンブー・ナート寺院に急ぐ。この寺院は小高い丘の頂上にあり、大きな目の描かれた大仏塔を中心として、周囲にいくつかの堂や数多くの小仏塔や仏像を配する寺院である。また同じ敷地内にチベット仏教の寺院もあり、チベット人たちの巡礼地ともなっている。

すでに帰りがけの信者たちも多い。寺院の境内へ続く坂を登ると、この時期ならではのにぎわいだ。仏塔を右回りに回る人々や、仏塔側面の龕に安置された如来たちに、われ先にと供物を供えようとしている人々がいる。仏塔の傍らにあるハーリーティー女神（鬼子母神）の祠堂には、供物の盆を抱えた女性たちの列が延々と続く。五百人の息子がいるという仏教の守護神ハーリーティー女神は、子宝に恵まれたい女性たちに厚く信仰されている。

このような人々の群れの合間をぬって、太鼓や笛を鳴らしながら男たちが行進する。その旋律は、ネワール仏教の源流であるインドの古典音楽とは明らかに異なった、物悲しい響きを持っている。隣では仏への讃歌（バジャン）を歌う別の一団がいて、それをチベット僧が興味深げに見ている。何という夥《おびただ》しい祈りの数なのだろう。この場所を訪れるといつも思う。この寺院は、強い磁力を持つ大仏塔を中心とした、一つの仏教的宇宙なのだ。

アジア諸地域の仏教のなかで、ネワール仏教はサンスクリットで書かれた経典の伝統を受け継ぐ唯一の仏教であり、僧侶たちが行う儀礼にもサンスクリット・テキストが使われている。しかしながら、彼らの儀礼や仏たちへの讃歌などには、ネワール独自のものが含まれている。ネワール仏教徒たちは、インドから伝わった仏教にネワールの要素を加えて独自のものとしながら、このような日々の宗教的営みを続けているのである。

四、ネワール社会における仏教とヒンドゥー教との共存

中世期における仏教とヒンドゥー教の共存

先にも述べたように、ネパールの歴代国王は皆ヒンドゥー教徒であった。しかしながら、古代期の王のなかには王位を退いた後、仏教寺院の僧房で余生を過ごした者もいたという。中世前期の十二世紀、ネパールは中央のカトマンドゥ盆地を中心としたマッラ王朝、西ネパールのカサ（カス・

マッラ）王国、南部のティルフット王国の三つに分裂した。西部のカサ王国はたびたび中央マッラ王朝に侵攻しては、村々に放火を繰り返した。しかし、カサ王国はこのような攻撃を行いながらも、同時にヒンドゥー教のパシュパティ（シヴァ）寺院と並んで、スワヤンブー仏塔やカトマンドゥ近郊のブンガマティ村にある仏教寺院、ラト・マツェーンドラ寺院に参拝や宝物の寄進を行っている。「攻撃」と「寺院参拝」、この矛盾する二つの行為が同時に行われていたことは奇異に感じるが、ヒンドゥー教と並んで主要な仏教寺院が、当時保護や信仰を受けていたことは確かである。

中世後期に入ると、ネパール全土は数多くの小国に分裂、カトマンドゥ盆地もカトマンドゥ、パタン、バクタプールの三国に分裂し、三つのマッラ朝が並び立った。カトマンドゥ王国はプラターパ・マッラ王（一六四一〜一六七四）のとき、チベットと通商協定を結び両国の交易が活発化した。交易の主な担い手であったネワール仏教徒の商人カースト、ウダスの人々は、商品とともに仏教に関する多くの情報を持ち帰り、またこの時期、サンスクリットの仏教文献の写本も多く書写された。

生き神クマリと仏教徒カースト

中世前期にあたる十四世紀、スティティ・マッラ王はネワール社会においてカースト制を法制化した。こうして仏教徒社会にもカースト制が確立し、現在においても機能している。ネワール仏教徒たちにとってこの制度を受け入れることは、中世期以降、仏教徒が生き残っていくための一つの妥協点であったと思われる。もしカースト制を受け入れなければ、国王の仏教徒への風当たりはもっと強かったであろうし、寺院や儀礼、仏像などの仏教文化が、現在のような形でカトマンドゥ盆地に存在し続けていられたか疑問である。

ネワール仏教とヒンドゥー教との関連で、注目すべき点がある。現在、カトマンドゥ市の中心部、旧王宮広場に「クマリ・チョーク」と呼ばれる寺院がある。ここには日本のメディアでもしばしば紹介される「クマリ」と呼ばれる生き神が暮らしている。「クマリ」とは「処女」を意味する。クマリは三、四歳の幼女の時期に選出され、生きる処女神としてこの寺院で暮らし、初潮を迎えると次のクマリに交代する。クマリはヒンドゥー教のドゥルガー女神あるいは王家の守護神タレジュ女神と同一視され、「インドラ・ジャートラ」と呼ばれる祭礼の際には、歴代の国王がその前にひれ伏し、クマリの祝福を受けてきた。そのクマリは、必ず仏教徒の僧侶カーストであるシャーキャから選出されるのである。

ヒンドゥー教の重要な女神ドゥルガーと同一視され、祭礼時には国の支配者からも崇拝される生き神が仏教徒カーストの出身である、という一種の「ねじれ現象」的な事実は何を意味するのだろうか。歴代ヒンドゥー教徒の国王が支配してきたネパールにおいて、仏教徒社会には何らかの軋轢や不満がたまってきたであろうことは想像に難くない。このような状況下で、仏教徒たちにも一種の「ガス抜き」となるような事態が必要であったろう。このクマリ制度には仏教徒出身の少女をヒンドゥーの女神として人々に崇拝させ、また祭礼の際に国王が首《こうべ》を垂れることにより仏教徒たちは溜飲を下げ、彼らの不満をやわらげるという意図があったのではないだろうか。

中世期のネワール人たちの三分の二が仏教徒であったとされ、交易や建築、工芸において彼らは活躍しており、その経済力も無視できないものであった。またネワール・ヒンドゥーのバラモン僧たちは王族たちの宗教儀礼のみに関わり、一般の人々の宗教行事は仏教徒の僧侶カーストであるヴァジュラーチャーリヤが行っており、ネワール社会全体での仏教徒たちの果たす役割は決して小さなものではなかった。

死者儀礼に見られるヒンドゥー教の影響

このように、ネワール社会において仏教とヒンドゥー教は共存してきた。その結果、ネワール仏教はヒンドゥー教の影響を大きく受けており、ネワール仏教で重要視される儀礼においてもその影響が見られる。私は二〇〇〇年八月に、自分が師事していたネワール仏教僧の追善供養を見る機会があった。「ピンダ供養」と呼ばれるこの供養は、先生の逝去の一年後に行われた。

「ピンダ」とは大麦の粉や米粉などを練って作る団子状の供物を指し、ピンダ供養においては、祭主が故人を含めた三代前までの先祖たちにその団子を供える。この供養は死者が地獄や餓鬼道から解放され、極楽に生まれ変わること、あるいは死者が悟りを得ることを願って行われる。この供養のなかでは、死後地獄・餓鬼・畜生に生まれ変わらないことを説いたインド密教経典『悪趣清浄タントラ』の真言を唱えたり、小さな仏塔が儀礼の場に立てられる。

この儀礼は死者が悟りを得ることを目的とし、真言や仏塔など仏教的な特色を備えているが、

ネワール仏教徒によるピンダ供養

「ピンダ」を供えるという主要な行為はヒンドゥー教の儀礼を借用したものだ。ピンダを祖霊に捧げる儀礼は、二世紀ごろまでに成立したインドのバラモン教の『マヌ法典』にすでに述べられており、現在、カトマンドゥ盆地のネワール・ヒンドゥーたちも、「スラッダ」と呼んでこの儀礼を行っている。二〇〇九年にカトマンドゥ市郊外の聖地ゴーカルナでヒンドゥーのスラッダを見学したが、一見、仏教徒のピンダ供養と見分けがつかないほど両者はよく似ていた。仏教徒たちも、自身のピンダ供養を「スラッダ」と呼ぶことがある。このような死者儀礼においても、この地の仏教はヒンドゥー教の影響を受けているのである。

五、近代化とネワール仏教

ネパールの近代化とマオイストの台頭

一七六九年、小王国分裂期にゴルカ王国出身のプリトヴィ・ナラヤン・シャハが新たにシャハ王朝を立て、ネパールを統一した。この王朝は従前の王朝とは違い、しばしば仏教徒に圧力を加えてきた。一九九〇年、九代ビレンドラ国王の時代には民主化運動が起こり、ネワールの仏教徒やヒンドゥー教徒も流血のなかに巻き込まれた。そのようななかで仏教徒は、カトマンドゥ盆地において自らの位置を確保してきた。

さて、近代化、民主化の流れのなかで、一九九六年ごろからネパールは新たなイデオロギー勢力を生み出した。「マオイスト」（ネパール共産党毛沢東主義派。中国は関係を否定）たちの武力闘争である。マオイストはネパールの貧困層を取り込み、カースト制による差別やヒンドゥー教国教の廃止を掲げて、大規模なゲリラ活動を行った。マオイストは二〇〇八年の制憲議会選挙で第一党となり、王制は廃止、ネパールはヒンドゥー教王国から世俗国家となった。だが二〇〇九年、マオイストのダハール首相が辞任、マオイストは与党離脱し、ネパール政府、議会は安定しない。未だ社会不安が続いており、今後の動静を見守る必要がある。

マオイストたちは保守派、体制派を攻撃し、伝統宗教文化が差別を生んできた元凶であると考え、たとえばサンスクリットの経典写本を焼き払った。共産主義勢力が伝統宗教文化を破壊するという動きはアジア各地でも見られ、たとえば中国の文化大革命やポル・ポト政権下のカンボジアでは、非常に多くの仏教者が弾圧、惨殺された。

ネワール仏教の今後

幸いネワール仏教は現在、壊滅的な被害を受けているわけではなく、仏教徒たちはそのような勢力に対して沈黙を守っている。だが、ネワール社会において、ヒンドゥー教徒に比べて少数派である仏教徒は、経済的側面からいっても、自身の伝統文化を維持することが困難な状況にあると思われる。仏教寺院の状態なども、主なものを除けばよく維持されているとは言い難い。また西欧的な物質文明の流入が、伝統への無関心を呼んでいることも問題である。

ネパール政府は二〇一一年を「ネパール観光年」として、観光客誘致を計画中とのことである。私は二〇〇九年の末、アンコール遺跡見学のためカンボジア・シェムリアプ市を訪れた。観光の中心アンコール・ワットには、日本人をはじめ多くの観光客が押し寄せていた。内戦で処刑場に使われた仏教寺院は新しく建て替えられ、至るところに「内戦を乗り越えて、これから自国を建て直すのだ」という気概が見られた。

ネパールには、カンボジアのような大規模な遺跡はない。ヒマラヤの山々以外に誇れるものは、自身が長い間築いてきた伝統的な宗教文化である。インドから直接伝わった仏教がネワール独自の色合いを帯びながら、ヒンドゥー教とも共存しつつ、今われわれに生きた宗教文化を見せてくれる。そのようなネワール仏教は、ヒンドゥー文化と並んで外国人を惹きつける最大の魅力となる可能性を秘めている。パタン市には、ネワール人たちの手により、新たに仏教思想、文化を教授する大学も設立された。このようなネワール仏教徒たち自身による組織的な動きがもたらす効果が、ネワール仏教の今後を握る鍵となるであろう。

「国民総幸福」と「伝統の創造」への試み

本林靖久

一、国民総幸福を目指す国

ブータンは、世界の屋根と言われるヒマラヤ山脈の東端の南傾斜に位置する、人口約六十七万人の小さな仏教王国である。面積は日本の九州をひとまわり大きくした程度で、緯度はほぼ沖縄と同じである。

長く鎖国政策を続けてきたブータンは、前国王による「国民総生産（ＧＮＰ＝Gross National Product）」ではなく、「国民総幸福（ＧＮＨ＝Gross National Happiness）」の提唱によって、心の安らぎは物質的発展によって損なわれてはならないことを信念に、独自の国づくりを実践している。発展途上国のなかには経済的な上昇を目指すあまり、自然や資源を失い、文化を大切にしなかった例のあることを知るブータンは、個人の物質的な追求よりも、「伝統文化の継続」「自然環境の保全」「仏教世界観の継承」といった、国家・社会の持続的な調和の追求（無形の要求）を優先しているのである。

二、ブータンの仏教と国家の歴史

チベット仏教の伝播と展開

こうしたブータン人の伝統文化を支えるうえで、「仏教世界観の継承」は重要である。

ブータンの歴史は即、仏教の歴史と言われており、六世紀頃まで遡ることができるという。この頃、シャーマニズムの一種のボン教がこの地方に入り、八世紀になるとグル・パドマサンバヴァによって、チベット仏教のニンマ派がブータンに伝えられた。しかし、紅帽派（旧派）であるニンマ派は、数世紀にわたって、チベットから迫害され逃げてきた数々の新しい宗派と対立せざるを得なくなった。そのため、仏教のなかでも対立する宗派が、自派の勢力拡大のため世俗的権力と結びついて激しい闘争を行うようになった。こうして、現王朝の基礎となったカギュ派のドゥルック派やラ派などが形成されるようになった。

十七世紀初頭、チベットではダライ・ラマを首長とする黄帽派（新派）のゲルク派が勢力を拡大し、ラサ付近のドゥルック派の中心地であるラルン僧院まで勢力をのばしてきた。その結果、ドゥルック派のラマ僧が新天地を求めて各地に亡命する事態となった。そのなかで、ブータンに移住してきたガワン・ナムゲル（一五九四～一六五一）はドゥルック派の有力者の家系から援助を受け、南下侵入してきたチベット人と戦って勝利をおさめ、西ブータンを統一した。彼は宗教界・世俗界の双方の最高位を示すシャブドゥンとリンポチェになり、ブータンの仏教界を治める大僧正（ジェ・ケンポ）の任命を行うとともに、世俗的には宰相（ドゥルック・デシ）を任命する聖俗両面の最高権力者となった。その後、東ブータンも支配下となり、最後まで残っていたラ派権力も消滅し、ドゥルック派が聖界のみならず俗界の中心になった。

現在のブータン王国

しかし、ガワン・ナムゲルの死後、再び群雄割拠の時代となり、二世紀以上も継続された。そのなかで、一九〇七年、トンサ地方のペンロップ（知事）であったウゲン・ワンチュックはブータン全土を再統一し、宗教界・世俗界の双方から推挙されてブータン王国の世襲君主となり、ドゥルック・キャルポ（龍の国の尊い支配者）の称号を得た。初代と二代目の国王は国の統一に全力をあげ、三代目の国王は、鎖国状態のなかで政治や社会機構を改革し、近代化させようとする新しい試みを行った。しかし、一九七二年に四十四歳で逝去すると、四代目の国王は十六歳で王位を継承し、GNHにもとづく政策を目指すとともに、国王が主導する民主化を進め、二〇〇八年に立憲君主制へと移行した。二〇〇六年に皇太子に譲位し、二〇〇八年に新国王の戴冠式が実施された。

ブータンは伝統的には政教二立制であり、国王と大僧正は同格とされ、カギュ派のなかのドゥルック派が国教であったが、民主化後は世俗国家となった。立憲君主制になり、僧侶は選挙権も被選挙権もない政教分離のシステムをとっているが、王室と大僧正は現在も国民の絶大な支持を受けており、大きな政治的影響力を持っている。

このような仏教に深く根ざした歴史のなかで、仏教世界観が創造され、日々の生活の営みのなかで継承されてきたように思われる。

三、オグロヅルとブータン人の死生観

オグロヅルの保護政策

ブータン人にとって善因善果、悪因悪果という因果律は、連綿と繰り返される輪廻の永遠なる時間のなかで生じ、あくまでも世界を「つながり」のなかでとらえる基本になっている。その一例として、ブータンにおけるオグロヅルの保護政策について述べてみたい。

標高二八〇〇メートルのポブジカの谷はオグロヅルの越冬地である。この谷のある村でも、近代化政策のなかで電気を敷設することになっていたが、オグロヅルの飛来にとって電線は障害となるという理由で、電線の取り付けをやめてしまった。このことは政府による「自然環境の保全」であったが、村人も電線を敷設するよりツルを守ることのほうが大事であると語っていた。村のある主婦は、「朝、ツルの鳴き声を聞くととても気持ちがいい。ツルはとても大切なので、そのためな

オグロヅルの越冬地であるポブジカの谷

ら昔ながらの生活でもかまわない」と答えてくれた。

しかしながら、村人のなかにはできることなら電気のある生活を望んでいた人たちもいたが、政府が認めなかった。その代案として政府は、各戸に太陽光発電の半分の補助金を支払っている。この太陽光発電は照明用として使用されており、夜間に一室を照らす程度の能力である。

こうした政府の政策を受け入れ、ツルとの共生を選択した背景には、生まれ変わりを信じ、この生から次の生に、そして、また次なる生を繰り返すといった、悠久に続く霊魂観を村人が持っていることがあげられる。ポブジカでは、村人が死ぬと、村で火葬にし、その煙は天に昇り、そこから舞い降りるのがオグロヅルであるという宗教世界観のなかで生きていることが影響しているようである。

風通しのよい寺壁に骨灰を混ぜた5センチほどのツァツァが並べられる

葬送と追善供養

ところで、ブータン人の葬法は基本的に火葬による弔いである。しかし、疫病や不慮の死の場合は火葬にはせず、土葬となる。これは悪い煙を出させると天の神によくないからだという。

火葬は村や町の火葬場や寺院の前庭で行われ、僧侶の読経中に死者のよりよい再生を願って、遺族がカタ（聖なる対象に捧げる布）を火中に投じる。火葬後、灰や骨は集められ、川に流される。しかし、遺骨の一部は持ち帰り、骨を砕いて粉にして、粘土に混ぜて型を抜き、五センチ程度の小さな塔を数十個から百個くらい作る。これはツァツァと呼ばれ、チョルテン（仏塔）や寺院などの宗教施設の外側や、風通しのよい場所に並べられる。また、墓はないので墓参りといった習慣はなく、ツァツァも納めてしまえばそのままで、ツァツァを納めたチョルテンや寺院へお参りに行くことがあっても、ツァツァのある場所へ遺族がお参りに行くということはない。ツァツァは天日干しなので、そのまま置いておけば風化し、二、三年もすれば跡形もなくなってしまう。

死後の追善供養にしても、基本的には四十九日間で、人が次の生に輪廻するまでの中有（中陰）の間だけである。これ以後は、日本のように一周忌とか三回忌といった年忌法要をする家庭は少ない。まして、日本の三十三回忌や五十回忌の弔い上げの法要などは全く見られない。また、家の仏壇に位牌をまつることもなく、墓を建ててそこに遺骨を納めたりすることもしない。位牌や過去帳といったものがないので、一代や二代前なら先祖をたどることもできるが、その先はわからなくなってしまう。なによりもブータンでは、亡くなった人は絶えず輪廻し生まれ変わっているので、亡くなった人をずっと供養することは意味のないことになる。

ツルをとるか、電気をとるか

ポブジカの村人は、このような宗教世界観を根底に置きながら、ツルとともに生きることを望んだのである。たとえそれにより生活の改善の歩みが遅くなろうとも、自然環境を壊さない方法と技術を取り入れながら自然と共生する道を選んだのである。こうした取り組みの結果として、近年、ヨーロッパのオーストリアがポブジカの道路に電線を埋設する無償援助を申し出て、二〇一〇年九月には、どの家でも電気が使えるようになるという。

科学技術の進歩によって物質的豊かさを享受した日本人にとって、自然保護のために物質的豊かさを捨てることはもはや不可能と言える。電気のない生活など考えられない日本人に「ツルをとるか、電気をとるか」と質問することは、もはや論外であろう。ところが、ポブジカの村人にとって、ツルは親や友人と全く同様に大切なのである。ブータンでは、「縁起」や「輪廻」などの仏教世界観が暮らしのなかで生きている。善因善果、悪因悪果という因果律によって、人々は世界を「つながり（関係性）」のなかでとらえている。これは「個」を重視し、「合理主義」を求める近代化とは対照的であり、自分の存在は他者の存在との関係性のなかにあり、他人の不幸を置き去りにして、自分だけの幸福を追求しようとはしなかったのである。

このようなブータン人の生き方について、二〇〇四年に前国王のドルジェ・ワンモ・ワンチュック王妃が日本を訪問されたときの講演において、「ブータンが心がけているのは、仏教に深く根ざしたブータン文化に立脚した社会福祉、優先順位、目的に適った近代化の方向を見出すことです。最近になって、国民総幸福（ＧＮＨ）という指針が真剣に取り上げられるようになりましたが、これはすでに二十年以上も前にブータン国王が提唱したものです。国民総幸福は仏教的人生観に裏打ちされるもので、私たちが新しい社会改革、開発を考えるうえの指針となるものです。一部の人々は、仏教をはじめとする哲学的考察と、政治、経済は、異なった次元のものだと考えていますが、けっしてそうではなく、すべてが統合され、総合的に考慮されるべきものです」と指摘している。

したがって、ブータン人が今日の西欧の近代化を目にしながらどのように仏教世界観を継承させていくのか、その点がブータンの仏教をめぐる重要な課題となっている。

四、伝統文化の継承に向けて

仏教文化を襲う情報のグローバル化

ブータンの人々は死後の世界を信じ、年をとると来世（あの世）への準備を本格的に始める人が多い。それは仏壇でのお勤めを欠かさないこと、寺参りに出かけること、祭礼を見に行くこと、経文の印刷されたダルシン（祈願旗）を立てること、手でマニ車（経文の納められている円筒物）をまわし続けることなど、日々、仏教的儀礼に関わり続けていくなかで、死を肯定し、よりよき来世へ歩むことができることを願うのである。ブータンの子どもたちも、こうした日々の祖父母や両親の姿を見ながら仏教の世界観を受け継ぎ、何世代にもわたって、変わらぬ宗教文化を継承してきたように思われる。

しかし、こうした仏教世界観に裏打ちされた人々の行動様式が、国際社会における情報のグローバル化のなかで、大きく変化しそうな兆しが見られている。ブータンでは一九九九年まで、国内でのテレビ放送が行われていなかった。しかし、その年にインドの会社から配給されるケーブルテレビ（最大で四十六チャンネル）が許可されると、首都のティンプーでは契約する家庭が増え、日常の生活が一変し始めた。朝から晩までテレビを見続ける人も現れてきた。インドからのケーブルテレ

戴冠式の日の祝いの食事。テレビは海外放送を受信し、アメリカ大統領に決まった直後のバラク・オバマ氏の演説（英語放送）が映っている（2008年11月）

ビはヒンディー語や英語の番組がほとんどであるが、小学生から国語（ゾンカ語）を除いて、ほとんどの科目が英語で行われているブータン人にとって全く問題がなかった。

こうした状況のなかでテレビの影響をいち早く受けたのは、若者や子どもたちである。伝統文化を重視する政策のなかで、民族衣装の着用を義務づけられている若者にとっては、西欧のファッションは憧れとなる。日本の丹前に似たゴーの下にジーンズをはく男性たちが現れ、一方で、化粧や髪形、マニキュア、バッグなどあらゆるファッションが女性たちの関心事となった。また子どもたちは、学校から帰るとアニメ番組に釘づけとなって勉強をしなくなったと親たちは心配し始めた。

一方、ケーブルテレビの放送と時を同じくして、ブータン国営放送もテレビ放送を開始し、ゾンカ語によるブータンの歴史や仏教、自国の文化を再認識してもらう特集番組を盛んに放送した。しかし、居間で親が国営放送を見始めると子どもたちは自分の部屋に閉じこもってしまうという。この数年におけるテレビ、インターネット、携帯電話などの急激な情報産業の流入は、ブータン人の物質的欲望を刺激し続けてきたと言える。

伝統的な僧侶への崇拝

以前のブータン人は、信仰とともに生き、欲望を抑えて、わずかな財で幸せに暮らす生き方（少欲知足）を善しとしたが、日本や西欧に見られるように、増大する欲望のままに財を増やすことで幸福を得ようとする考え方が、徐々に浸透してきているように思われる。その結果として、よい教育を受け出世を目指すことが、伝統的な信仰に代わって国民の関心事となっている。

このことは、僧侶や仏教文化に対する人々の意識にも変化を与えている。僧侶は厳しい戒律があり、現在でもドゥルック派は妻帯もできない禁欲的な生活を送っている。ブータンの仏教（チベット仏教）の特徴は、三宝と言われる「仏（釈迦仏等の諸尊）」「法（経典）」「僧（僧伽）」に、「ラマ（師）」を加えて、四宝を崇めることであると言われている。そこには、師の導きがあってこそ悟りを開くことができ、仏になれるのであり、師なくしては仏もない、師は仏にもまして尊い存在だという考え方がある。したがって民家の仏壇や寺院の祭壇には、師となる僧侶の写真が必ず置かれて

僧院での法要後にくつろぐ少年僧（パロ・ゾンにて）

いる。

僧侶は修行によって、ゲロン、ロペン、ラマと進んでいくが、それぞれに細分化された身分で構成されている。ゲロンと呼ばれる修行僧は、経典を暗誦し瞑想する以外にも、舞踊、製図、絵画、音楽、彫刻などさまざまな技能の習得が求められる。そうした経験を積んだうえで、ひたすら瞑想に打ち込む僧侶、教団の行政に携わる僧侶、学問を生涯の目的とする僧侶、祭礼や法要の舞踊や音楽に取り組む僧侶、賄い方として料理人に徹する僧侶など、それぞれに適した方向を見出して、適材適所の人生を送っている。こうした生活のなかで、深く仏教教学や仏教哲学を習得した僧侶は、ゲロンからロペン、さらにはラマと呼ばれる高僧になる。そして、ラマのなかでも特に優秀でさまざまな修行を修めた者は、生まれ変わればリンポチェ（願った宝を思い通りに出してくれる如意宝珠の意味）と呼ばれる高僧になる。

つまり、リンポチェとは高僧の生まれ変わり（「化身」あるいは「活仏」と呼ばれる）であり、高僧が死ぬと必ずと言ってよいほど、寺院ではその生まれ変わりを見つけ出すことに奔走する。多くの場合は、高僧が亡くなると数年以内にまだあどけない三、四歳の男の子がその生まれ変わりと認定されて、寺院に迎えられる。そしてその幼さで、亡くなった高僧の後を継ぐようになる。こうした制度は日本人にとっては理解しがたいが、ブータン・チベットの人々は、絶大な信仰心をもって彼らに礼拝し、供養し、祈願をかけ続けているのである。

リンポチェといわれる僧（デチェン・ポタン僧院、1988年）

このように僧侶は、人々にとって尊敬の対象となってきた。子どもを僧侶にすることは家族にとって徳を積む行為であり、三人の息子がいれば、必ず一人は僧侶となった。そこには口減らしという側面もあったが、僧侶は地域社会のなかで、人々の誕生や死、病気、祭り、法要などのさまざまな場面で深く関わり、重要な役割を果たしてきた。

しかしながら、保健知識や医療の進歩によって、若者の世代には、僧侶による病気治しの呪術的な儀礼を懐疑的な態度で眺める人たちも増えている。また法要においても、親の世代（年配者）は僧侶の儀礼を有難く受け入れているが、若者は多分に、親（家族・親族）のために関わっているといった状況も見られている。

西欧化と伝統文化の乖離

また、かつては読み書きといった教育は僧侶が行ってきた。その教育は寺院でゾンカ語による仏教に関連したものであった。しかし、一九六〇年代以降に近代化政策による教育制度が始まり、すべての教育費が国費で賄われ、一九八〇年代以降は基本的に英語で授業が行われるようになった。

近年、英語の学習が嫌で僧侶を選択する子どもたちも見られるが、僧院ではゾンカ語しか勉強しないのに対して、学校教育では英語が重視されている。そうした背景もあって僧侶は伝統文化を尊重するが、学校教育を受けた若者たちは、西欧の社会や文化への関心を増大させている。僧侶のなかには、国家を一つの僧院と見なし、より禁欲的な行動を求める動きも見られており、僧侶と一般の若い世代の人々の間には、「西欧化（近代化）と伝統文化」に対する見方の乖離が生じてきているようである。

「伝統の創造」への試み

ところが、英語を学んできた若い世代のエリート層にも、伝統文化の保護を重視する動きが見られる。彼らは学校教育において優秀な成績をとり、海外の大学に留学後、国家公務員として政府の重要な機関で働く、言わば出世組の若者である。彼らは、情報化によるグローバル化が個人主義の傾向を強め、家族や地域の共同体意識を弱める恐れがあることをすでに承知している。しかし西欧の社会や文化を真っ向から否定することはない。良いものは受け入れつつ、その一方で、ブータンの固有の文化や良き伝統を教育のなかでしっかり伝えていくことができれば将来についても心配はいらないと自信を持っている。

そうした政策の一環として、二〇一〇年二月から、全国の小・中学校で、一限目の授業の開始前に二分間の瞑想の時間を設け、高校や大学でも毎時限ごとに二分間の瞑想を実践するようになった。また、定期的に僧侶による学校での法要や仏教についての授業を組み込んだりしている。

ブータンから発信された国民総幸福（GNH）の思想は、二十世紀型の成長や開発に疑義を呈した世界の人々に影響を与え、海外から注目され、さまざまなかたちで問いかけられている。それによって、ブータン人は独自の国づくりに自信を深めている。そのなかで伝統的生活に幸せの基盤を置くことは一つの選択ではあるが、近代化と無関係に伝統を固守するのではなく、ブータン人の精神世界（仏教世界観）の継承を見据えながら、いかに「伝統の創造」が成し得られるかが、今後、重要な問題となっていくように思われる。

5

勃興する大乗仏教

シンガポール

伝統と改革のはざまに生きる仏教

杉井純一

一、仏教を信仰する華人たち

シンガポールは日本の淡路島とほぼ同じ面積の島に、四九八万人が住む都市国家である（二〇〇九年人口調査）。もっとも新しい二〇〇〇年の国勢調査によると、シンガポールには、マレー系（一三・九パーセント）、インド系（七・七パーセント）、中国系（七六・八パーセント）、その他の住民が暮らしており、民族的・文化的に多様性を持つ社会となっている。この民族的多様性は、彼らが信じる宗教の多様性を同時に生み出している。シンガポールの宗教構成をみると、十五歳以上の全人口二四九万四六三〇人の内、仏教が四二・五パーセントを占めており、以下、イスラーム一四・九パーセント、キリスト教一四・六パーセント、道教八・五パーセント、ヒンドゥー教四パーセント、その他の宗教が〇・六パーセントという順で、無宗教は一四・八パーセントとなっている。

その割合を民族ごとに見てみると、先住民のマレー系住民は九九・六パーセントがイスラームであるが、インド系住民と中国系住民（華人）の宗教は多岐にわたっている。まず、インド系住民はヒンドゥー教五五・四パーセント、イスラーム二五・六パーセント、キリスト教一二・一パーセント、その他六・三パーセント、無宗教〇・六パーセントに分かれている。一方、多数派の華人は仏教が五三・六パーセントともっとも多く、道教一〇・八パーセント、キリスト教一六・五パーセント、その他〇・五パーセント、無宗教一八・六パーセントとなっている。シンガポールの仏教徒（十五歳以上）一〇六万六六二人の内訳をみると、華人は一〇五万五〇九三人と実に九九・四パーセントを占めており、仏教徒の大半は華人と言ってよいだろう。

二、伝統仏教の習合性

神と仏の共存

シンガポールの仏教、とくに大乗仏教は一九八〇年代以降、大きく変貌している。それまでの伝統的慣習的な仏教の在り方が否定され、より純粋な正統仏教を求める動きが活発になったのである。そこで、ここではシンガポールにおける伝統仏教から改革仏教への変化について紹介することにしたい。まず、伝統的慣習的な仏教の実情からみていこう。

シンガポールの華人に宗教の帰属を尋ねてみると、「自分は仏教徒である」と答えることが多い。

南海観音が憑依した霊媒（福善堂）

しかし、「仏教徒」と称する華人が実際には道教の寺廟を訪れ、玉皇上帝《ぎょくこうじょうてい》や大伯公《だいはくこう》（土地神）のような神々に熱心に祈願している様子をしばしば見かける。華人の家庭で祀られている神仏についても同じような特徴がみられる。華人にもっとも人気があるのは観音菩薩と大伯公で、以下、仏陀、関帝聖君《かんていせいくん》、玉皇上帝といった順になっている。教理的に言えば、大伯公や玉皇上帝は道教の神、観音は仏教の菩薩であるが、庶民の間では観音も「神《シェン》」として受けとめられているのである。華人にとって重要なのは、神仏がもたらす霊験であり、道教、仏教といった宗教の相違ではなかった。また、レースコースロードにある福善堂では、南海観音が女性の霊媒に憑依して人々の悩みに答えている。このように、華人の宗教は道教、仏教、儒教と霊媒信仰の

光明山普覚禅寺の蔵経堂

習合体であり、それは中国宗教と呼ぶべきものである。このような華人の習合的な宗教行動は、寺院の成立と深い関わりがある。

寺院の多様性

華人の宗教、とくに信仰の対象や施設を理解する上で大切なのは、その多くが彼らの故郷である中国東南部から持ち込まれたという点である。シンガポールに移住後、華人は故郷の神仏を祀り、異国の地における保護と安寧を祈願した。それはさまざまな宗教の要素が混在した中国宗教の神仏であった。このような経緯からシンガポールには上座部寺院、大乗寺院よりもずっと以前から中国宗教の寺院が存在していたのである。シンガポールで最古の中国宗教の寺院は、一八四一年に創建された天福宮とされている。天福宮をはじめ

2007年にチャイナタウンに建立された新加坡仏牙寺龍華院

とする中国宗教の寺院は伽藍構成も習合的である。たとえば、東海岸のゲイラン地区にある龍南殿は、中央に釈迦牟尼仏を奉じる大雄宝殿、右に斗母、九皇を祀る斗母宮、左に観音、地蔵を祀る観音殿があり、仏教の仏菩薩と道教の神が一緒に崇拝されている。

一方、仏典を重視する正統的な中国仏教の伝来は一九〇〇年代以降であった。たとえば、蓮山双林寺は一九〇二年創建の由緒ある寺院で、福建省出身の富豪の寄進による。また、光明山普覚禅寺は、僧院を有する最初の寺院であり、一九二〇年に創建された。現在では、同国最大の寺院である。近年では、二〇〇七年に仏歯を祀る新加坡仏牙寺龍華院がチャイナタウンに建立されている。

上座部仏教のシンハラ仏教寺院は、いずれも一九五〇年代後半に建立されている。スリランカラマヤ寺院は主にシンガポールのシンハラ仏教徒、マンガラビハーラ寺院は中国人とマレー人の混血であるババと呼ばれる人々と、英語教育を受けた華人コミュニティの要請に応えて建立された。また、一九二七年に創建されたタイ仏教のシャカムニガヤ寺院（千燈寺院）は、信仰の場というよりも観光のスポットとして知られている。その他にも、現在、シンガポールには、台湾の仏光山やチベット系の密教寺院など、さまざまな寺院が設立されている。

このように、シンガポールの宗教史を振り返ると、習合的な中国宗教がもっとも古く、正統的な大乗仏教や上座部仏教は近年になってから成立したものであった。そこで、次に、こうした多様な仏教寺院を支える宗教的な専門家としての僧侶と在家仏教徒について、その特徴をみてみよう。

三、仏教の実践者とその動向

僧侶と在家者

やや時間を遡るが、一九八五年に香港大学のクア准教授が行った調査によると、シンガポールの僧職者は二百人で、正式に得度した僧侶が六十二人、尼僧が六十四人、その他七十四人であった。年齢別にみると、六十一歳以上が四〇パーセント、四十一歳から六十歳が二三パーセント、二十一歳から四十歳が三七パーセント、二十歳以下が一パーセント未満となっている。また、出身別にみると、シンガポール出身がもっとも多いものの、中国、マレーシア、タイ、スリランカなど、他の国の出身者も数多く存在する。残念ながら新しい調査結果が得られないため確かではないが、おそらく現在では、僧職者の数はさらに増加していると思われる。

大乗仏教の場合、僧侶とは別に、修行を目的とした半僧半俗集団が存在する。彼らは、禁欲と菜食主義を守ることから「菜食主義者」と呼ばれているが、とくに、女性の菜食主義者は「斎姑《さいこ》」、男性の修行者は「老師《ろうし》」という。一般に、在家仏教徒の菜食主義者は宗教的専門家としての儀礼的地位が僧侶よりも低いとみられている。また、居士は「家に住む仏教実践者」を意味する。居士は経典や読経に精通しているが、宗教職能者としてみられることはない。しかし、こうした在家仏教者の存在は、その後の仏教改革運動を生み出す素地になったと考えられる。

大乗仏教寺院とゆるやかなネットワークでつながっている在家組織の一部は、改革運動の担い手でもある。この組織は僧職者と在家仏教徒の双方を含むもので、そのなかにはシンガポール仏教会、中華仏教会、シンガポール仏教総会、シンガポール仏教青年会、仏教施診所、老人ホーム、素菜館(菜食主義者の食堂)、仏教学校(弥陀学校・菩提学校)などがある。こうした組織による仏教改革運動の多面的な活動は、中国宗教から正統的な仏教への移行を人々に促していった。その変化の特徴を、国勢調査の具体的な数字からみてみよう。

増加する「仏教徒」

先述した二〇〇〇年の国勢調査によると、(一)一九八〇年代以降に急増したキリスト教の勢いが継続していることと、(二) 道教から仏教への移行が急激に進んだことがわかる。

前回（一九九〇年）の国勢調査と比較すると、キリスト教徒は二六万四八八一人（一二・七パーセント）から三六万四〇八七人（一四・六パーセント）と十万人近く増加している。ただし、この増加（一・九パーセント）は一九八〇年から一九九〇年にかけての増加（二・六パーセント）に比べると、やや緩やかになっている。

一方、仏教徒は前回の六四万七八五九人（三一・二パーセント）から一〇六万六六二一人（四二・五パーセント）と四十一万人も増加している。同時期に、道教徒は二十五万人減少しており、多くの道教徒が仏教徒へと移行したとみられている。より正確には、習合的中国宗教と仏教の範疇とを峻別し、前者から後者への移行が顕著になっていると考えられる。華人に限定してその推移をみると、この傾向はより明白である。一九八〇年から二〇〇〇年までの二十年間で、華人の仏教徒は三四・三パーセントから五三・六パーセントに増加している。一方、道教徒は三八・二パーセントから一〇・八パーセントと大幅に減少している。

キリスト教への改宗者の属性は、英語教育を受けた高学歴の若者であるが、仏教徒の場合、年齢や学歴による偏りがあまりみられない。また、大卒者では一九九〇年から二〇〇〇年の間に、キリスト教徒が三九・三パーセントから三三・五パーセントとやや減少しているのに対して、仏教徒は一五・一パーセントから二三・六パーセントに増加している。とくに、中等教育修了後に職業訓練校に進学した人々のなかでは、仏教徒が三八・三パーセントと最大のグループになっている。

仏教徒が増加する要因

このように仏教徒が増加した要因を列挙すると、次のような点があげられる。まず、第一の要因は、一九八〇年代に学校教育のなかで実施された宗教知識教育プログラムに仏教コースが設けられ、仏教思想を「知的関心の対象」として再認識する若者が増えたということである。第二に、政府が「華への回帰」を目的とした政策を取ったことである。華語教育の重視は、若者を英語文化と結びついたキリスト教よりも仏教へと向かわせた。第三に、政治的活動を始めたキリスト教会に対して、政府が統制を強化したことがあげられる。これにより、若者がキリスト教に向かう流れがセーブされ、仏教を選ぶ若者が増えたと考えられる。

第四に、キリスト教カリスマ運動の布教活動を学習した仏教組織が、同様の活動を展開し始めたということである。カリスマ運動は二十世紀初頭に北米から世界各地へと波及した宗教運動で、異言、預言、癒しといった神秘体験を重視する点に特徴がある。カリスマ運動は小集団の集会を単位として、聖書研究、未入信者への伝道や訓練を行い、日曜日には数千人に及ぶ大規模礼拝を行う。さらに、カリスマ運動は慈善・福祉活動、演劇などの文化活動を開催している。仏教組織はこうしたカリスマ運動の布教活動を参考にして、法話や瞑想、福祉・慈善活動を実施し、仏教を広める活動を展開した。その成果が仏教徒の増加となって現れたのである。そこで、次にシンガポールにおける仏教の改革運動の具体的な内容をみていくことにしよう。

四、仏教改革運動の展開

シンガポール仏教青年会の実践

シンガポールの仏教改革運動は、伝統的慣習的な仏教から理念的な経典仏教への回帰を目指しており、とくに教育を受けた中流層の華人に支持されている。仏教改革運動は改革僧と在家仏教徒の相互活動であるけれども、その活動拠点は寺院というよりも民間の住居やオフィスである。このことが端的に示しているように、活動の主体は僧侶よりも、「半僧半俗」的な在家仏教徒である。

シンガポールの代表的な改革組織には、シンガポール仏教青年会、ブッダサーサナ仏教協会、在家僧伽などがある。ここでは経典研究や瞑想の実践を通して人格的・霊的な成長を目指す、シンガポール仏教青年会（SBYF）の活動を取り上げよう。

一九八四年に設立されたSBYFの目的は、シンガポールに仏教を普及し、模範的な仏教徒のライフスタイルを確立するための人的・物的支援を集めることである。SBYFは、タイで修行僧となったA・ブラーム師、仏教協会前代表T・S・ロウ、観音堂仏祖廟の住持C・K・タン、前教育相のB・C・アン博士が後援者となっている。メンバーは時間、資金、技術の面で実質的に貢献することを期待される。常勤の活動者はダルマチャリ（法の実践者）と呼ばれ、さらに、その前段階として多くのミトラ（仏友）が存在する。ダルマチャリとミトラは加入儀礼を通じて、在家組織で

多くの参詣者が訪れる市街中心部の観音堂仏祖廟

正式に認められる。彼らは「人格的な成長に興味を持つ人々を助けること、そして、仏教の教えのもっとも高い理念の発見を可能にすることを目指す」という誓約を守っている。

ＳＢＹＦの目的は、人格的・霊的成長に役立つ環境を創出することである。そのためにＳＢＹＦは、経済的に自立することを重視してきた。彼らは組織への確実な資金の流れを生むための、経済的な事業を営んでいる。メンバーは瞑想、経典研究、相互活動を通して、精神面での健康を促進するように求められると同時に、経済的な活動が社会の利益になるような「正しい生活（正命《しょうみょう》）」に従事することを期待される。現在、ＳＢＹＦは仏教書、テープの販売を含む「正命」プロジェクトを始めている。

さらに、ＳＢＹＦは初心者を献身的仏教者

に育てる支援をしている。仏教に関心を抱いた人々は、ＳＢＹＦの仏教コースへの参加を勧められる。続いて、相互活動キャンプや社会活動に参加し、「瞑想の実践、法話への参加を通して霊的に成長すること」を期待される。このような訓練を通して、新しいメンバーは第二段階に進む。彼らは、高度の訓練、瞑想の特別なコースに参加する。この段階でメンバーは、「ミトラとして行動する霊的な準備を整えた」とみなされる。ミトラは仏教に自発的に関わる人間であり、日々の生活で仏教の教えを厳格に守り、生活に基づく瞑想を通して霊的に成長することを目指す。霊的な献身の段階に至ると、ミトラは献身のさらなる段階へと進み、ダルマチャリになるという。ダルマチャリは仏教のために、常勤で働く仏教徒である。彼らは俗人としての生活を送るが、独身のままで、僧衣をまとうこともない。つまり、ダルマチャリは世俗的な環境下で、半僧院生活を送ることを試みているのである。

宗教性向上を目指す活動

仏教改革運動の活動には大別して、宗教性の向上を目指すものと世俗的な適合性を高めるものがある。まず、宗教性の向上を目指す一つ目の活動は、講話やセミナーの開催である。寺院と在家組織では、改革僧や在家の学者によって毎週、討論と法話が行われている。また、改革組織は仏教の冊子、パンフレットを刊行し、人々に頒布している。二つ目の活動は、講演の開催である。講演は寺院や在家組織で行われ、聴講者の数が百人に及んでいる。著名な海外の学者や僧侶を招いた大規

比丘尼の講話を聴く生徒たち（新加坡仏光山）

模な講演は盛況で、参加者は千人以上になることもある。

三つ目の活動は、読経、瞑想、祈禱を含む仏教儀礼の実施である。改革仏教徒にとって、この儀礼実践は霊的な成長のための正しい雰囲気を醸し出すものである。この実践は年配の者にとってはもっとも一般的なものであるが、青年の間でも人気を博するものである。瞑想は信仰を深める効果的な方法である。とくに、シンガポールのようなストレスに満ちた管理社会では、瞑想は心理療法と同様に、リラクゼーションの方法であると多くの人に受けとめられている。また、宗教上の特別な日には、寺院と在家組織は浄化や崇拝を目的とした祈禱儀礼を実施する。五戒と八正道を守る霊的黙想を行う寺院もある。黙想は三、四日続き、参加者はその期間、寺院に住み込

ヴェサック・デーに密教僧の加持を受ける信徒たち（ゲイラン地区の特設会場）

み、講話、瞑想、読経を含む厳しい宗教プログラムにしたがって行動する。このような宗教的活動を通して、中国宗教の一部としての仏教とは異なる、正しい仏教知識や実践が獲得されると改革仏教徒は考えている。

シンガポールの仏教界を統括するシンガポール仏教協会では、一九八九年以来毎月『佛友資訊』という情報誌を刊行し、そのなかに各寺院や団体における、こうしたさまざまな活動の予定を掲載している。

世俗的適合性を高める活動

一方、世俗的適合性を高める一つ目の活動は、組織のための商業活動である。経済的に自立することは改革運動の重要な部分であり、一九八〇年代から、改革仏教組織は道義に反しない性質の会社事業を展開している。二つ目の活動はシンガポール社会のなかでの仏教の地位を高めることである。シンガポールでは、祭礼のための祝日がイスラーム、キリスト教、ヒンドゥー教に認められているが、一九八〇年代まで仏教徒のための祝日は存在しなかった。改革仏教徒と僧伽はヴェサック・デーをシンガポールの祝日と定めるように求め、今日では祝日として認められている。三つ目の活動は慈善、福祉、文化活動である。仏教改革運動は「高齢者を敬う」といった政府のキャンペーンと仏教の教えを結びつけ、現代の世俗国家に適合しようとしている。この結果、改革運動は世俗的な慈善活動や福祉活動に直接的に関わるようになっている。また、文化的活動にも積極的で、タイ、台湾、ビルマ、スリランカ、ネパールといった仏教国への文化的・宗教的ツアーを企画している。

このように、シンガポールの仏教改革運動は、在家仏教徒が宗教性の向上を目指す活動と世俗的・社会的適合性を高める活動を同時に展開することで、仏教に関心を持つ人々の要請に応えている。宗教性の向上を図ることと世俗性を強めることは、一見すると相反することのように思われるかもしれないが、高度に管理され、近代化された社会に生きるシンガポール人が望む宗教とは、まさにこの二つの課題を克服しうるものなのである。

五、シンガポール仏教の行方

以上みてきたように、シンガポールの大乗仏教は、習合的な中国宗教の一部として人々に受容されてきたが、一九八〇年代以降、正統的な仏教へと改革しようとする運動が展開された。それは宗教性の向上だけでなく、世俗への適合性を兼ね備えたものであること、運動の主体が僧伽組織よりも「半僧半俗」的な在家組織であることに特徴がある。ただし、一部の改革運動については、「仏教とは認めない」「一般の在家と改革仏教徒に違いはない」とするような立場が、在家者や僧侶にみられる。シンガポールの仏教改革運動の行方を見守るなかで、こうした見解の相違が成長を促進するのか、それとも阻害することになるのか、これからも注視する必要がある。

本論では改革運動を中心に紹介したが、伝統的要素を有する寺院においても同様の活動が実践されている点を最後に付け加えたい。たとえば、ジュロン地区再開発の影響で一九八五年に再建された城隍廟《じょうこうびょう》と万寿寺は境内を共有し、付属の中医施診所を持つ。信者は、道教の城隍神と仏教の観音菩薩をともに祈り、施診所で針灸、内科の診察を無料で受けることができる。さらに高齢者の招待や老人ホームへの慰問、奨学金制度などの活動が展開されている。もともと中国宗教の寺院には「善堂」としての伝統が存在し、仏僧や道士が「医者」として病者を治療する慈善・慈悲の場所であった。その伝統は改革運動の活動において近代的な施診所として復活したが、同様の活動は習合的・伝統的な要素を残す寺院でも行われている。そこには伝統性と改革性が巧みに共存する形で、人々を癒す宗教の生きた姿が確実に存在しているのである。シンガポールにおける仏教の改革は、習合性や雑種性を排除し、正統性や純粋性を希求するという単純なものではない。むしろ、伝統と現代、聖性と世俗性が調和的に共存する道にこそ、シンガポール仏教の未来があると言えるだろう。

韓国

修行と社会福祉に専心する仏教

佐藤　厚

一、国民の約四分の一を占める仏教徒

韓国の宗教問題

現在の韓国社会が抱える問題の一つは、宗教間の葛藤、とくにキリスト教と仏教との間の葛藤である。二〇〇八年八月、韓国の仏教界はソウル中心部で大規模な抗議集会（主催者側発表では二十万人）を開いた。これは、①李明博《イ・ミョンバク》大統領が熱心なキリスト教信者であり、ソウル市長時代に「ソウル市を神に捧げます」と発言していたこと、②政府が発行する地図に寺院を記載しなかったこと、③米国産牛肉輸入に対する国民的な反対運動が繰り広げられたとき、警察が、仏教界の中心的な拠点である曹渓寺に過激派が逃げ込んだとして捜査を行い、その際、曹渓宗の高僧が乗った車を徹底捜査したことが仏教界の怒りを買ったことによる。そして仏教界は、政府の「宗教偏向」を

強く糾弾したのであった。この問題は同年九月の大統領の謝罪により一段落している。

この背景には韓国の宗教状況がある。統計調査によれば、韓国国民の約半数が宗教をもち、そのなかでは、仏教とキリスト教とが約半数ずつを占めている。つまり国民の約四分の一ずつが、仏教徒とキリスト教信者であるということである。こうしたなか、一部のキリスト教界には、排他的な信仰を持ち、他宗教を批判する教派も存在する。このように韓国の仏教は、キリスト教という強力なライバルと対峙している。

仏教のあり方

続いて韓国の仏教のあり方の特徴を、日本との対比を通して述べる。

第一に伝統宗派の数である。日本の場合、伝統宗派は十三宗を数えるほど多い。すなわち南都仏教の諸宗をはじめ、平安時代の天台宗、真言宗、鎌倉時代の浄土宗、浄土真宗、臨済宗、曹洞宗、日蓮宗などの仏教宗派が今でも存在している。これに対して韓国の場合、伝統仏教は大韓仏教《テハンブルギョ》曹渓宗《チョゲジョン》（以下、曹渓宗と略称する）という禅宗の宗派だけである。後述のように、一九七〇年代に曹渓宗から分派した太古宗という宗派もあるが、本来は同じものである。このほかに天台宗や真覚宗などの宗派があるが、これらは近代以後に成立した宗派である。このように伝統宗派の数に着目すると、韓国の仏教は日本に比べると数が少ないことが特徴である。

第二に、僧侶のうち、女性の僧侶（比丘尼）の数が日本よりも多いことである。曹渓宗所属の僧

大覚寺の大雄殿。横断幕には「大学入試観音祈禱」とある（釜山）

侶のうち、比丘尼は約半数に上るという。このため、日本では街で尼僧を見かけることはほとんどないのに対して、韓国の場合はソウルの街で尼僧をよく見かける。

第三に、寺院の仏像である。韓国の寺院の仏像はほとんどが金ピカである。日本では歴史的な仏像は、ほとんどが時間の流れで風化した姿のままであり、そこに伝統美を感じるのであるが、韓国の場合、古くからある仏像でも金を塗り直して金ピカの状態にする。

第四に、仏教と一般人との関わり方である。日本では江戸時代に制度化された檀家制度のため、仏教と一般人は葬式・墓地を媒介として関係をもっている。これに対して韓国の場合、葬式は一般的に儒教の方式で行う。ただ、仏教信者の場合は、儒教式の葬式とともに仏教式の法要も行っている。また、多くの信者が仏教に期待するものは現世利益である。さまざまな願いが捧げられるが、毎年、受験シーズンになると、受験生を抱えた親たちによる祈禱が増える。韓国の大学の受験競争の厳しさは日本とは比べものにならない。毎年秋に行われる大学受験が近づくと、寺院には「大学入試観音祈禱」などの横断幕が掲げられ、受験生の父母たちによる熱心な祈禱が行われている。

二、韓国仏教の歴史と宗派

伝統仏教・曹渓宗の成立と発展

伝統仏教である曹渓宗《チョゲジョン》では、自宗の禅修行を看話禅という。それは坐禅をしながら話頭《ファドゥ》を参究するものである。話頭とは日本の禅宗、とくに臨済宗が行う公案（禅問答）のことである。ここからわかるように、曹渓宗は日本の臨済宗とよく似ている。似ているどころか、曹渓宗は中国の臨済宗を継承しており、日本の臨済宗と同じ法脈に属する宗派である。

ここで、韓国仏教の歴史を略述しながら曹渓宗の歴史に触れる。三国時代の西暦三七二年、高句麗に仏教が伝来したのが韓国仏教のはじまりであり、以後、百済、新羅にも伝えられた。三国が新羅により統一されると、七世紀、八世紀には法相宗の円測《ウォンチュク》、華厳宗の義相《ウィサン》、諸宗の教えを一心に統合する和諍《わじょう》という教説を説いた元暁《ウォニョ》などが輩出した。また、彼らの思想は中国仏教にも影響を与えた。

その後、中国唐代の仏教が、経典に依拠する教学中心の仏教から、経典に依拠せず主として師弟

新羅時代、元暁が住した芬皇寺（慶州市）

の対話のなかで悟りを開いていく禅宗へと転換していくのと歩調を合わせ、朝鮮半島の仏教にも、八世紀には唐に留学した僧により禅宗が伝えられるようになった。そのなかで、中国の南宗禅を朝鮮半島にもたらしたのが道《トウ》義《イ》である。道義は唐に渡り、馬祖道一《ばそどういつ》門下の西堂智蔵《さいどうちぞう》に師事して帰国した。ちなみに曹渓宗は、この道義を宗祖と定めている。以後、続々と禅の教えがもたらされ、十世紀半ばに成立した高麗王朝の初期には、九山禅門と呼ばれる山を拠点とした禅のグループが形成された。

　高麗王朝は仏教を国教とし、そうしたなかで、禅宗は十三世紀に出た普照知訥《ボジョチヌル》が、中国の宋代臨済宗の大慧宗杲《だいえそうこう》の看話禅を導入し、一時代を画した。さらに高麗王朝の末期に、太古普愚《テゴボウ》らが元に渡り、臨済宗の石屋清洪《せきおくせいこう》の

修徳寺（忠清南道）の四天王。表情がユーモラスである

印可を受け、中国臨済宗の法脈が継承された。現在の曹渓宗は、実質的にこの二人によって土台が形成された。

十四世紀末に成立した朝鮮王朝は、儒教（朱子学）を国教と定め、仏教を抑圧した。十五世紀になると、それまで七つあった宗派が統合され、最終的には禅宗一つだけになった。これが、前述したように伝統仏教が曹渓宗一つしか残っていない理由である。そうしたなか、十六世紀末の豊臣秀吉の侵略に対し、全国の義僧を指揮して戦った西山大師《ソサンデサ》休静《ヒュジョン》などの高僧が出た。しかし、僧侶のソウルへの出入り禁止の法令が出されるなど、仏教界は社会の中心からは疎外されていた。

太古宗の分派

一九一〇年（明治四十三）、朝鮮半島が日本

木魚、雲板などの四物（四つの楽器）が奉安されている百済の古刹・開心寺

により併合されると、仏教界も日本の統治を受けた。朝鮮統治の全権をもつ朝鮮総督府は、寺院を総督府の統治下に置いた。また、日本からは浄土真宗をはじめとする諸宗派が半島に渡り、寺院を建立し布教を行った。こうしたなか、日本の僧侶の影響により、韓国の僧侶のなかにも妻帯する比丘が増えていった。

一九四五年（昭和二十）、日本の敗戦に伴い、朝鮮半島は三十六年間の日本の支配から解放されたが、韓国と朝鮮民主主義人民共和国とに分裂した。韓国の仏教界は解放後の組織作りに着手したが、日本の影響を受けた妻帯僧と、韓国伝統の非妻帯僧との間で主導権争いが起こった。日本の影響を除去しようとする韓国の李承晩《イ・スンマン》大統領は、一九五四年、「妻帯僧は寺刹より退去せよ」という諭旨を発表し、妻帯僧を排除して独身比丘による教団の建設を促した。これを曹渓宗では「浄化運動」と呼ぶ。両者の争いは裁判にまでなったが、妻帯僧側が敗北した。彼らは曹渓宗を離れ、新たに太古宗《テゴジョン》という宗派をつくり現在に至っている。

近代以後に成立した宗派

次に、第二次世界大戦後に開宗した宗派で、近年、信者を増やしている天台宗と真覚宗、それに、最近注目されているヴィパッサナー修行について述べる。

天台宗は、一九四六年に上月円覚《サンウォルウォンガク》大祖師が開宗した宗派で『法華経』を依りどころとしており、「大衆仏教」「生活仏教」「愛国仏教」を設立理念とする。修行は、結跏趺坐をしながら観世音菩薩の名を唱える「観音精進」と呼ばれるものである。天台宗では二〇一〇年六月から、二〇一一年の宗祖生誕百周年に向けて観音精進を百万回唱える「百万読」を始めた。そこには、「国泰民安」「経済回復」「皆がよく暮らせる大韓民国」などの願いを込めるという。

真覚宗は一九四六年に悔堂孫珪祥《フェダンソンギュサン》大宗師が開宗した密教の宗派であり、「密教中興」「生活仏教」「現世調和」「心印具現」を理念とする。僧侶は男女とも剃髪せず、結婚を奨励されており、出家中心の韓国仏教の伝統のなかでは異色である。修行は、結跏趺坐をしながら手に智拳印を結び、「オム・マ・ニ・パド・メ・フーン」の六字真言を唱えることである。これにより、宇宙に充満する仏の智慧と慈悲とを合一させることを目標とする。この六字真言は、高麗王朝の中期にモンゴルの侵入とともに朝鮮半島に伝来し、仏教儀礼のなかに取り入れられたという。

また、最近の動向として注目されるのは、南方上座部の修行法であるヴィパッサナーが定着しつつあることである。一九九九年に設立されたソウル近郊の菩提樹禅院は、韓国国内でも代表的なヴィパッサナー道場であり、主として四念処（肉体は不浄である、感受作用は苦である、心の作用は苦である、すべての存在には執着すべき実体がないこと）を瞑想する修行を行っている。参加者は、「自分のなかの貪（むさぼり）・瞋（いかり）・痴（おろかさ）を見抜くことができ、執着を抑制することができるようになった」とその効果を述べる。同様のヴィパッサナー道場として最近注目されているのは、ソウルにある初期仏教修行共同体ジェータヴァナである。設立には伝統宗派である曹渓宗僧侶のほか、韓医者（韓国伝統医学の医者）、精神科医師も参与している。そこでは初期仏教教理の講義とともに、息の出入りを観察しながら瞑想するアナパナサティの実践が行われている。院長の曹渓宗僧侶イルムク・スニム（スニムとは韓国語で僧侶のこと）は、設立の理由を「韓国仏教には初期仏教の基礎知識が不足しているため、それを補完する」ことであるとし、「将来的には、韓国国内に国際的な瞑想センターを作りたい」と希望を述べている。

三、韓国仏教の修行

曹渓宗の看話禅

韓国仏教の修行について、教団の発行物や、主として仏教放送などのメディアにもとづいて紹介する。

まず、曹渓宗の修行法は看話禅である。これは前述したように、坐禅をしながら話頭を参究し、真実の自己を見つけることを目標とする。修行者は、戒律を受けて正式な僧侶になると、師匠から話頭を与えられ、それを一心に参究する。

教団が作成した資料のなかに、師匠が弟子に「庭前柏樹子《ていぜんはくじゅし》」という話頭を授ける場面がある。「庭前柏樹子」とは、「ある僧が師の趙州に対して〈初祖菩提達磨が、はるばるインドからやってきた真意は何でしょう〉とたずねたとき、趙州が〈庭さきの柏の樹〉と答えた」という問答である。これが参究の対象、すなわち話頭となる。これは、日常論理で考えてはいけない問題だ。ひたすら坐禅を行いながら、問いと一体になって深めていき、ある瞬間に心の中がはじけ、悟りに至るという。師匠は弟子に「〈庭前柏樹子〉。これがお前の話頭であり、お前の生命だ。今日から成仏する日まで、ずっと何があっても、話頭を裏切らず、感情をきちんと抑制して話頭を頼りとしながら生きなさい。〈庭前柏樹子〉という話頭を文字として受け取るのではなく、これが宇宙の大真理だ、私は仏と同じであるが、ただ心の眼が開いていないだけなのだということを知りなさい」と切々と説く。すなわち話頭は修行者と一体、修行者の生命そのものになるのである。

一年に二度、夏と冬に安居があり、このときはひたすら話頭参究に没頭する。これには、一日の修行時間により、一般精進（八時間ないし十時間）、加行精進（十二時間ないし十四時間）、勇猛精進（十八時間以上）がある。その他、横にならず坐禅を続ける長坐禅不臥のほか、独房に入って門外に出ず、一人で行う無門関修行もある。無門関修行は六か月、一年、三年、長くは六年単位で行うこともある。精進を重ねて参究が深まると、自分の心と話頭とが一つになり、常に参究している状態（話頭三昧）に入る。それには程度により、動静一如（常に話頭に入っている）、夢中一如（話頭が夢の中でも変化がない）、寤寐《ごび》一如（寝ても覚めても話頭の参究を行っている）の三段階がある。そして悟りの自覚を得ると師匠から点検を受け、印可を受けるのである。

在家者のさまざまな修行

在家者の修行内容は、主として僧侶が寺院で行う宗教行為である、参禅、礼仏、祈禱、懺悔、念仏、看経、陀羅尼読誦などである。ここでは代表的な四つの修行を紹介する。

第一にチョルである。これは最も基本的な修行法であり、礼仏、祈禱の方法でもある。やり方は五体投地に似ており、直立し合掌した姿勢から両膝、両肘、頭を床につけ、再びもとの姿勢に戻る。これを一拝とし、百八拝、三千拝など、数多く行うこともある。韓国の寺院に行くと、信者が熱心にチョルを行っており、この習慣がない日本人が見ると、そのひたむきさに心を打たれる。

第二に参禅である。多くの曹渓宗寺院では市民禅房を設けて一般市民に参禅の指導を行っているが、なかでも能仁禅院やハンマウム禅院は数十万人を指導する大規模な禅院として知られる。ある参加者は参禅の効果を、「リアルなものとそうでないものとの見極めがつくようになった。書物には、自分が本来仏であると書いてあるが、参禅する立場では煩悩こそがリアルである。自分のなかに執着している何ものかがあることが自覚できた」と述べている。

第三に念仏である。韓国では禅仏教が中心であるため、念仏は低くみられがちであるが、庶民の修行として広く定着している。慶尚北道・梁山にある浄土院を主宰するジョンモク・スニムは、「念仏は機根が低い者の修行であるというが、いつどこでもできるため現代人に合った修行法である」と述べる。さらにソウル近郊にある聞思修法会では、百八拝と念仏とを行っており、これにより、「自身を振り返り、誤った生き方を修正する効果」があるという。またソウルの光輪寺では、故清華《チョンファ》スニムが指導した念仏禅が行われている。これは単純に仏の名号を唱える念仏ではなく、禅と一緒に行うことで、最終的には自分が本来仏であることを確信し、法身仏を観ずることを目標とするという。

第四に陀羅尼の読誦である。韓国では『千手経』の「神妙章句陀羅尼」がよく唱えられる。最近、この陀羅尼読誦で注目されているのが江原道にある休休庵で、住職であるホンボプ・スニムの法力によって、多くの信者を集めている。信者たちは主に現世利益を願うが、和尚は「陀羅尼読誦の効果は現世利益だけではない。自分を見つめ、仏の世界に至ることでは参禅修行と同じである」と述べている。

これらのほか、写経、写仏、祈禱巡礼など、日本でなされているものと同様の修行も行われている。

テンプルステイのすすめ

曹渓宗では二泊三日程度で寺院に滞在し、韓国仏教を体験するテンプルステイを実施している。これは二〇〇二年の韓日共催ワールドカップの年から始まったもので、現在は約七十か寺が協力している。日本語のサポートがある寺院も七か寺ある。基本プログラムには、参禅、百八拝、鉢盂供養（食事作法）、礼仏、作務、茶談などがある。さらに、二〇〇八年からは韓国観光公社と韓国仏教文化事業団の共催で、韓国の観音聖地三十三か所を巡る「韓《から》の国三十三観音聖地」巡礼が始まった。これらに関心がある方は、韓国観光公社のホームページをチェックされることをお勧めする。

四、韓国仏教の社会福祉活動

ところで、韓国の仏教界では近年、社会福祉活動が盛んに行われている。ここではその例をいくつか紹介する。

第一には独居老人対策である。韓国も日本と同様、高齢化社会となっているが、十全な対策が追いつかない現状である。プサンにある「ヨンホ福祉館」では、二〇〇五年から「真の人間、家族奉仕団」を通して奉仕活動を行っている。具体的には、奉仕活動に関心を持ったボランティアたちが直接独居老人たちと一対一の結縁を結び、本当の家族のように接するのである。そして老人たちの食事を用意するのはもちろん、按摩と家の清掃、病院同行サービスなどを行っている。

テンプルステイでの蓮灯づくり（直指寺／慶尚北道／韓国仏教文化事業団提供）

第二には臓器移植問題への対応である。一九九八年に設立された「生命分かち合い実践本部」は臓器移植を推進する団体で、国が定めた臓器移植登録機関である。ここでは臓器寄贈運動のほか、手術費支援などの活動も行っている。中心となるヒョンジ・スニムは、「生命の分かち合いこそ、慈悲の思想を実践する運動であるといえる」と述べる。同団体が最近力を入れているのは、「造血母細胞寄贈希望者登録キャンペーン」である。これは白血病やガンなどの難治病の患者のために、骨髄移植の提供者を募る活動である。

第三に、死に行く人に最後の充実した生を与えるホスピスである。韓国の仏教界ではホスピスを「仏教臨終奉仕者」という。「喪葬礼センター・手人《スイン》」を運営するチョン・オクジャ代表は、「仏教臨終奉仕者」を、一言で

テンプルステイでの礼仏の場面（直指寺／韓国仏教文化事業団提供）

「案内者」であると表現している。人間であれば誰でも迎える「死」を、少しでも平安に迎えることができるよう助けてあげる人という意味である。手人《スイン》のホームページには、臨終奉仕者の心構えが次のように載せられている。「自分自身を点検し、自分のなかにある自分をよく扱えるようにならなければなりません。自分ではなく他人の苦痛をお世話するためには、修行を通して智慧を備えなければなりません。他人に慈悲を与える以前に、自分の姿と心の中にあるすべての愛着の愛を、慈悲の愛へと深化させ、創造し強化しなければなりません」。チョン代表は天台宗の信者であり、この文からは深い宗教性を読み取ることができる。

五、まとめ

以上、見てきたように、韓国の仏教は、キリスト教との宗教間の葛藤のなかで、伝統的な修行法を守りつつも、一方ではヴィパッサナーという韓国にとっては新しい修行法を取り入れることも行っている。そして、社会活動の面では、現在の韓国社会が直面する問題に向き合いながら、社会のなかの宗教を標榜し実践している。このなかでも、仏教界が社会福祉活動を盛んに行う理由としては、社会活動に熱心なキリスト教というライバルの存在があることは容易に推測される。ただ、日本の仏教と比べてみて筆者が思うのは、僧侶であれ信者であれ、日本のように、お墓があるため「仏教を信仰しなくとも葬式と法要だけを行っていればよい」という仏教ではなく、お墓がないからこそ、きちんと仏教の信仰をもち、それを社会活動として広げていくことができているのではないかということである。

台湾

尼僧の活躍する島

蓑輪顕量

一、はじめに

台湾の仏教界には四方僧伽（十方叢林ともいう、個別の寺院を超えた僧侶のまとまり）の意識が存在し、僧侶が比較的自由に寺院間を往来している。ところが一九八〇年代以降、経済の発展に伴い、いくつかの寺院を拠点にして、巨大な僧侶集団が出現し始めるようになった。これらの集団は伝統的な出家僧伽の意識を持ちながらも、宗教的エリート指導者のもとに巨大な集団化を遂げている。しかもそれらの集団のなかには、門派（一つのまとまりを持った流派）の意識が生じ始めている。そのような現代台湾の仏教界の事情に興味を引かれ、台湾の仏寺を訪問するようになったが、それらの調査から得られた知見を、まずは台湾仏教の歴史を交えて紹介したい。

二、台湾仏教の歴史とその特徴

尼僧の多い台湾仏教

台湾政府内政部民政司編になる『全国寺廟名冊』（二〇〇二年版）によれば、台湾内に存在する寺廟数は、道教七四一六、仏教一八七二、一貫道九〇、軒轅教六、理教四、天帝教一、天徳教五の合計九三九四か所である。これらの寺廟をその建設の主体別に分類すれば、①募金による建立、②私財による建立、③公的機関による建立の三つに区分される。また、その経営の組織形態別に分類すれば、①管理委員会制、②管理人制、③財団法人制、④社団法人制、⑤執事会の五つに分類される。

現在、台湾に在住する台湾人僧侶の数は、台湾全土で約二万人といわれる。尼僧が圧倒的に多く、その比率は尼僧と男僧とで約五対一とされる。とにかく女性の出家者が多い。また、これらの約二万人の僧侶の内、千人前後が上座仏教またはチベット仏教を信奉する僧侶であるという。中国仏教以外を信奉する僧尼が、五パーセントほど存在することになる。

台湾への仏教伝播

台湾に仏教が伝わったのは、文献資料の上で知られるのは明朝（一三六八～一六四四）末期のころからである。台湾はもともと東海に浮かぶ宝の島として意識されていた。大陸の歴史書にしばし

台北市万華区にある、1738年創建の龍山寺の観音殿（台北）

ば瀛州《えいしゅう》として名前が登場するが、詳しい歴史が記述されるようになるのは意外に新しく、軍人の鄭成功《ていせいこう》（一六二四～一六六二）が明朝の復興のために台湾を拠点として活動して以降のことである。現在、台湾の歴史ではこの鄭成功以降を、日本が支配していた時代を基準に日帝支配時代（日拠時代）以前と呼び、順次、日帝支配時代、以後と区分することが多い。

日帝支配時代以前に、大陸から仏教が伝播したとの記録を持つ寺院が多く、それは観音信仰を媒介にしていた。台湾の西海岸沿いに古い寺院が点在する。数例を挙げれば、台北の龍山寺、嘉義の大仙寺、台南の竹溪寺などである。明朝末期の混乱期や清朝期に、福建系および広東地方に住んでいた客家系の漢民族が移住してきたが、おそらくは彼らの素朴な信仰が伝播し、それに基づいて寺院が形成されていったと推定される。

日帝支配時代

日帝支配時代（一八九五〜一九四五）には斎教《さいきょう》が組織的になり、日本曹洞宗と協力して仏教の隆盛を準備した。もともと斎教は明代に大陸に生じた在家仏教運動であった。その創始者は羅夢鴻《らむこう》（一四四二〜一五二七、別名羅祖師、羅孟洪、無為居士）であったといわれ、彼らは五戒十善を保ち、素食（肉食をしない、いわゆる菜食主義）、檳榔《びんろう》（檳榔樹の実）を食べないなどの禁戒を守った。その信奉者たちは法衣を着さず剃髪もせずという様相で、まさしく在家主義の仏教運動であったという。この斎教は清代に台湾に流入し、龍華教、金幢教、先天教の三系統が今も存在する。当初はバラバラの信仰集団であったが、それを組織化したのは日帝支配時代の曹洞宗であったという。斎教組織は、その後に出家者の仏教が興隆するときに先行する組織として重要な役割を果たした。

また、この日帝支配時代に大きな流派が四つほど存在した。それらは、

一、月眉山派─基隆・月眉山霊泉寺・一九〇三年開創、日本曹洞宗。
二、凌雲寺派─淡水・観音山凌雲寺・一九〇九年開創、日本臨済宗。
三、法雲寺派─苗栗・大湖法雲寺・大陸鼓山湧山寺から覚力法師が来台して一九一二年開創。
四、大崗山派─高雄・大崗山超峰寺・一六七三年開創。

である。月眉山派、凌雲寺派は日本の曹洞宗と臨済宗がそれぞれ関与し、日本の在家主義的な仏教

を台湾に紹介した。いわゆる僧侶の妻帯である。一方の法雲寺派、大崗山派は中国人の出家仏教者がその構成員となっていた。中国人の仏教者たちは、出家を守りつつ教線を延ばそうとしたとされる。当時、日本の仏教者と台湾の仏教者とが協同する受戒会なども催されており、その記録（菩薩戒受戒の戒牒）が、台南の妙心寺に残っている。

大東亜戦争が終了した後に、台湾は国民党の支配下に入った。しかし大陸においては共産党と国民党が争いを起こし、一九四六年六月より国共内戦が勃発した。そして一九四七年二月二十八日、台湾においていわゆる二・二八事件が起きた。この事件は何の罪もない一老女が国民党兵士に乱暴に扱われるという事件を皮切りに大きな暴動に発展し、多数の台湾の人々が虐殺される事態に至った。そしてこれを契機に台湾全土に戒厳令が布告されることになった。このときに発令された戒厳令が解除されるのは、なんと約四十年後の一九八七年七月十五日であった。

戦後の発展

さて、大陸における国共内戦は共産党軍の勝利に帰し、一九四九年十月一日、北京に首都を置く中華人民共和国が成立した。国民党政府は台湾に拠点を移すことになり、最初は台南に拠点を置き、やがて台北に移る。この国民党政府の台湾への移転に伴い、大陸の仏教者もかなりの数が台湾に移住するようになった。この戒厳令下に大陸から台湾に移住した僧侶として名高い人物は、高雄近郊に仏光山を築く星雲《せいうん》法師（一九二七〜）であり、また新竹や台北に拠点を持つことになる印順《いんじゅん》法師

（一九〇六〜二〇〇五）である。それらの法師たちのなかには、大陸の伝統を継承する者も、太虚《たいこ》法師（一八九〇〜一九四七）に始まる改革運動（人生仏教をスローガンに社会の中で活躍する仏教を目指した）を継承する者も含まれていた。

印順は一九五二年に台湾に来島し、やがて新竹に福厳仏学院という僧侶養成の専門学校を創設し、台北には慧日講堂という講説専門の道場を建立するに至った。また霊源《れいげん》法師（一九〇二〜一九八八）も来台し、台北からさほど遠くない基隆の港町に拠点を築いた。

さて、仏光山の星雲や、福厳仏学院、慧日講堂の創設者である印順などは、戒厳令下にも活躍を見せた。とくに星雲はその集団を大きくしていった。一方、印順はそのような組織化を図るよりも、台湾僧伽の構成員である出家僧侶の指導的な人物として活躍した。そして台湾の仏教が大きな発展を見せるのは、台湾の経済が大きな発展を遂げる一九八〇年以降であった。また、それに大きな拍車をかけたのが、先に述べた戒厳令の解除であった。その後、民国三十一年（一九四二）二月十日に制定された「人民団体法」が、民国七十八年（一九八九）一月二十七日、および民国八十二年（一九九三）十二月三十一日に修正され、宗教団体への国家による監視が緩やかになったことも、台湾仏教の隆盛に対する大きな支援となった。

こうして台北や基隆、高雄、さらには台湾の中央部といわれる埔里、東部の花蓮の町に仏教の拠点が築かれることになった。そして民国八十八年（一九九九）九月二十一日に勃発した台湾中部大地震が一つの試練となったが、このときに、後に述べる慈済功徳会が、救援活動に大きな活躍をなし、台湾仏教界の評価を一段と高めることになった。このようにして、台湾の仏教界は盛況を呈するようになったのである。

三、門派化を遂げる寺院

注目される門派

現代の台湾仏教において注目される点は、仏教界の門派化が進行していることである。日本の宗派とは異なり、同じ仏教者としての意識は継承されていて排他的な感じはない。巨大化の年代順に拠点となる寺院を掲げれば、①仏光山、②法鼓山、③慈済功徳会、④霊巌山寺、⑤中台禅寺、⑥霊鷲山などの六つが挙げられる。ここでは五つを紹介する。

仏光山

仏光山は、星雲の指導のもとに創設され、高雄を中心に展開する一大仏教センターとなっている。場所は正確には高雄県であるが、高雄市という台湾第二の人口を抱える地に隣接する。信者数は白称百万人を超え、台湾全土に三百余りの支部（分院）を設立している。この仏光山の創始者である星雲は一九四九年に来台した。大陸において国共内戦が終息に向かい、共産党が優位になり、宗教活動が行いにくくなった。やがて中華人民共和国が成立するのであるが、その成立の年に台湾に来

僧侶が施主の功徳を讃える仏光山斎食布施儀（高雄県）

ている。そして、十七年後の一九六七年には仏光山の第一歩を高雄の地に築いている。今では仏光山の山内には寺院、博物館、ゲストハウス、図書館、仏学院、研修用施設などが揃っている。

活動の傾向は「文化・教育・慈善・共修」との標語に端的に表されており、大陸に二十世紀初頭に始まった、太虚の提唱した人生仏教（やがては人間仏教〈人々の間に活躍する仏教〉に発展する）の影響が顕著である。とくに文化的な活動に力を注いでいるのが特徴である。台北などの都市部においては、夕方から夜間にかけて仕事帰りのサラリーマンが支部に立ち寄る。生け花、茶道などを通じて仏法を聞くという興味深い布教の形式も採用されている。そのためか、仏光山では非時食（午後食事をしない）の習慣を改め、午後に食

広い空間が確保され数千人が収容できる法鼓山大雄宝殿（金山郷）

事を取ることを許している。教団独自のテレビ放送局も持っている。

一九八八年にアメリカのロサンゼルスに支部を設立したのを皮切りに、アメリカに九か所、オーストラリアに五か所、その他、ヨーロッパ、アジア各地に支部を持ち、日本にも東京仏光山寺、大阪仏光山寺、仏光山本栖寺など多くの支部を持つ。

法鼓山

この門派は台北に拠点を築くが、最近までの指導者は聖厳《しょうごん》法師（一九三〇〜二〇〇九）であった。聖厳は江蘇省に生まれ一九四三年に出家した。一九四九年に還俗して国民党軍の兵士として従軍し、台湾に来島している。やがて一九六〇年、再び出家して台湾において東初《とうしょ》法師（一九〇七〜一九七七）に師事し、東初が一九七七年十二月に遷化した後、その後を継承して仏教文化館の経営、文化・学問の奨励を推し進めた。拠点となった地は台北郊外の北投《ぺいとう》にある農禅寺である。やがて農禅寺が手狭になり、一九八九年には法鼓山（Dharma Drum Mountain）の創設を提唱して、現在では一大拠点を基隆郊外の金山郷に築いている。現在そこが法鼓山と呼ばれ、大学院の中華仏学研究所が存在し、また寺院の諸伽藍（法鼓禅寺）もここに存在する。法鼓山大学の創設も希望し、二〇〇六年に法鼓僧伽大学が設立され、現在は大学院の法鼓仏教学院が成立している。指導者となった聖厳は日本の立正大学に留学し、台湾の僧侶で初めて文学博士の学位を取得したことで有名となった。

この法鼓山は、その指導者が現代の仏教学を学んだ故もあろうが、学問および瞑想に重点を置くところにその特徴が見出される。禅七（禅定修行を七日間行うこと）などを頻繁に行い、瞑想に詳しい門派である。実際、台湾内でしっかりとした学問的素養に裏打ちされた門派は、法鼓山のみであるとの世評を勝ち取っている。惜しいことに聖厳は二〇〇九年の春に遷化した。

法鼓山の活動は一九八〇年代後半より活発となり、台北を中心に現在四十万人以上の信者を擁している。また出家に対して厳しい制限を課しており、宗教的素養を持ち合わせた人物しか出家させておらず、その僧侶の育成には充分な注意が払われている。

慈済功徳会

現在、台湾でもっとも知名度の高い集団となったのが、この慈済功徳会である。出家の集団としては小さいが、社会福祉の面で活躍する在家の「委員」と呼ばれる人が二万人、そしてそれを支える会員が全世界で四百万人以上いるとされている。その指導者は尼僧の證厳《しょうごん》法師（一九三七～）である。證厳は一九九二年、台湾でノーベル平和賞の候補に推された。台湾中東部の都市である花蓮にその拠点が存在する。

台湾の開発が大陸に面した西部の平野を中心に進んだのに対し、東部地域は経済的にも福祉的にも遅れたとみえ、政府の仕事を代替するような形で、證厳は十数名の同志とともに一九六六年より社会福祉・救済活動を開始し、一九八一年ごろより大発展を遂げた。これも台湾が経済的に発展し始める時期とほぼ一致する。その活動の中心は在家者の社会福祉活動にある。諸問題の最終的な原因を貧困と位置づけ、貧困に正面切って取り組んだ慈善救済活動がその中心に位置する。山間部の少数民族に対する援助活動や、低所得者層に対する支援などを仏法の菩薩道の実践と位置づけ、急速に支持者層を増やし、世界に誇る慈善救済団体に成長した。現在では災害時の救援活動にその活動範囲を広め、赤十字とともに世界の災害時にヴィザ取得なしに入国できるまでの信用を獲得している。その活動の根本には證厳の説法とともに、委員の人々によって構成される検討会が存在する。この検討会は、実際に援助活動に出向き現場で直面した事例を持ち寄り、皆で検討するものである。この会は、振り返りを中心とした事例研究法に基づいたもので、高度専門職者としての意識を生み出す機能を十二分に果たしており、その活動を支える重要な役割を担っている。

このように、この集団は当初は国内の貧困者救済から始まったが、台湾内部の状況の改善により、

在家の信者による念仏行が行われている霊巌山寺内部（南投県埔里）

海外における災害時の援助に重点が移ってきている。たとえば、一九九九年の台湾中部大地震、二〇〇四年のスマトラ沖大地震の際の災害援助活動では、多くの注目を浴びることになった。また證厳の周りに集まってきた尼僧によって形成された出家者の集団は、花蓮郊外の静思精舎に住み、規模は小さいが證厳の意志を継承して、自給自足を原則とした禁欲的な生活を続けている。ここも独自のテレビ局を持っている。

霊巌山寺

ここは中国に存在する蘇州の霊巌山寺と同名の寺院である。開山は妙蓮《みょうれん》法師（一九二二～二〇〇七）。大陸の霊巌山寺の住持と妙蓮は同期生という関係にあった。妙蓮は安徽省に生まれ、南京で受戒。最初は大陸の蘇州の霊巌山寺に学んだが、台湾に渡り仏教の布教に努め、仏七と呼ばれる念仏修行を中心に教線を拡大し、やがて拠点寺院を埔里《ほり》の地に築いた。仏七とは「念仏打七日」の略で、念仏を中心とした行を七日間行うことである。その体系は、清朝の末期、大陸の蘇州を拠点として活躍した聖量印光法師（一八六二〜一九四〇）によって集大成された。

行の中身は、「阿弥陀仏」の四字の名号と「南無阿弥陀仏」の六字の名号を一定のテンポで唱える念仏行と、静かに坐る瞑想の坐禅行とを組み合わせたところに特徴がある。この仏七は瞑想の意味合いを持っており、その目的は心の働きを静めるところにある。ここに日本の念仏との大きな相違が見て取れる。この念仏行を中心に台湾で巨大化した寺院が霊巌山寺であり、現在ではカナダにも支部を持っている。また本部の埔里の霊巌山寺では、ほぼ毎週のように仏七の行が開催されている。

中台禅寺

この寺院も台湾中部の埔里に存在する。発展の時期は比較的最近であり、一九九〇年代の後半以降である。一躍有名になったのは、一九九六年九月一日に百人を集団出家させたときであった。やがて伝統的な仏教の復興と認識され、知名度が上がった。この門派は惟覚《いかく》禅師（一九二八〜）に指導されるのであるが、禅師という呼称が示すように、瞑想に中心が置かれている。入息出息観《にっそくしゅっそくかん》（息の入る出るを気づく）に始まり、中道実相観《ちゅうどうじっそうかん》（全てがかたよりのない真実の姿であると観察する）を

▲**中台禅寺大雄宝殿内部**（二階部分に安置される仏さま。中央が釈迦如来、左右は羅漢像）

中台禅寺大雄宝殿の外景▶
（南投県埔里）

目指すのであるが、その名称には禅と天台の素養が感じられる。行中には、気血の補充のためであろうか、跑香《ほうこう》と呼ばれる走りの行が見られる。瞑想を中心とした合宿である禅七を、一九九一年に連続して七期行ったことから有名になったという。台中より車で約二時間、埔里に存在する現在の中台禅寺は、巨大な鉄骨、鉄筋コンクリート製の大伽藍で、表面は大理石や御影石などの石で装飾された立派なものである。なお、この門派は大陸の虚雲法師（一八四〇～一九六〇）の法脈を継承し、どちらかといえば伝統派である。虚雲は百二十歳の齢を保ったといわれる清朝を代表する僧侶であり、最晩年に雲居山に真如禅寺を再興したことで有名である。中台禅寺は、台湾各地に精舎と呼ばれる支部を数多く持つ。

おわりに

以上、現在の台湾を代表する五つの拠点寺院を紹介した。活発な活動を行っているところは、他の小さいグループにも存在する。ここに挙げた五つは、その代表例に過ぎないことをお断りしておきたい。台湾の仏教においては、出家の者も在家の者もともに参加できる簡単な実践行が存在し、それが仏教の広まる一助になったと考えられる。台湾の仏教が実に盛んであることを知っていただければ幸いである。

中国

近代化する共産主義国家の仏教

足羽與志子

一、復興する仏教

文化大革命終了までの宗教の状況

現代中国の宗教は目覚ましい展開を遂げている。中国の主要な宗教施設の多くは弾圧以前の状態よりも立派な威容を誇り、一般信者や観光客が連日おしよせ、活況を呈している。一九七〇年代後半に文化大革命が終わったが、そのときは宗教が徹底的に弾圧され荒廃しつくした状況だった。多くの宗教施設や仏像、聖像が破壊され、聖職者のほとんどが還俗、そして寺院や所有地も政府に接収され、工場や学校、軍事基地などになるか、荒れるにまかされていた。当時と現在とを比べれば、わずか三十年あまり前のこととはいえ、隔世の感がある。

中国の宗教は、十九世紀後半の清朝末期の動乱期から共産党政府の文化大革命に至るまで、衰退の一途をたどってきた。仏教や道教などの中国伝来の宗教やキリスト教の一部は、時の中央や地方の権力者からの保護も受けたが、宗教は近代国家構築に向けた胎動期の抗争のなかでパトロンを失い続け、政治的にも、封建時代の旧悪、あるいは前近代的悪弊として弾圧を受け続けた。そして、共産党政府による最大の一撃が文化大革命だった。

仏教の目覚ましい復興

同じ共産党政府が一九七〇年代後半に、宗教活動の自由へと大きな方向転換を行った結果、現在の見事な復興がある。共産党政府は五大宗教（仏教、道教、イスラム教、カトリック、プロテスタント）に宗教活動を認めた。近代になって伝来した西欧の宗教としてのキリスト教は、カトリックとプロテスタントのそれぞれにおいて、キリスト教を土着化、中国化するという課題を抱えつつも、全国に広がったカトリックの非合法の地下教会組織の活動も含めて大きな広がりをみせている。また、道教も人々の習俗・風習になじんだ広い基盤を活性化し、社会での一定の認知をとり戻しつつあり、イスラム教もとくに内陸部では、国家に緊張を強いるほどの復興をみせている。

なかでも仏教の活況には目を見張るものがある。全国で一万三千以上の寺院、二十万人以上の僧侶と尼僧、さらにチベット仏教においては三千以上の僧院、十二万人のラマ僧、一七〇〇人の活仏を数える（一九九七年政府発表）。戒律を受けた者だけでなく、仏陀や数々の菩薩などを拝し、仏教儀礼による先祖供養をして、仏教徒と自認する人々を含めれば、その数は十三億の人口の過半数にも及ぶともいわれている。中国はいまや、世界で最大数の仏教信者を抱える国になったのである。

仏教は歴史的にはインド伝来の宗教ではあるが、中国で大きく花開き、中国仏教の一大伝統を築き上げてきた。古くからアジアを中心に構築された広範囲な仏教文化圏にくわえて、十九世紀末の中国からの移民の波とともに仏教は欧米に渡り、さらには欧米知識人の間にも理解者を広げていった。ヒトやモノ、思想や情報がグローバル化する現代で、中国仏教は世界に広がったネットワークを背景に、宗教界だけでなく、国際関係、文化交流、文化外交、そして社会変化や庶民の思想の領域にまではかりしれない影響力をもち、社会に大きな力を及ぼす潜在力を内包している宗教システムといえよう。

共産主義国家における仏教

しかし、宗教を否定し、共産党員に信仰をもつことを禁じる中国の共産主義国家体制は、どのように宗教を位置づけているのだろうか。また、なかでも最大の信者数を誇る仏教の活況をいかに「容認」し、そして、共産主義国家と仏教とはどのように「共存」しているのだろうか。なによりも盛況のように見えるこの中国に育ちつつある仏教とは、いったいどのような仏教なのだろうか。キリスト教が、単なる土着化ではなく、現代の政治体制において宗教組織や教義も含めた「中国化」を求められているのならば、同じ政治体制下にある仏教が、見えにくくとも、同種の「中国化」を要求されていると考えるのは不自然ではない。中国仏教の「中国化」とはなにをいうのか。

仏教は宗教組織としてどのように国家組織と接合し、そして、実際の信者である人々の信仰はどうなっているのだろうか。さらに昨今のチベット仏教の状況も見逃せない。仏教の「近代化」も重要な問題である。さまざまな疑問が浮かぶ。これらの疑問に対して、一面的で早急な答えを出すことはふさわしくないだろう。いずれにおいても、長期にわたり、多面的に現状を観察する研究が必要とされる。

故人の供養のための紙銭を境内で焼かずに積むだけの、「近代的」新規則（南普陀寺／福建省廈門）

私が中国の仏教の現状について、福建省の廈門《アモイ》市でフィールド調査を始めたのは、一九八九年三月、政府による宗教の開放宣言があってから十年目のことだった。廈門大学は当時、中国で文化人類学の学部教育を行っている唯一の大学であり、そこで一年間、教鞭をとりながら現地の仏教の状況の観察を行った。主として大学に隣接する中国全土でも有名な南普陀寺と、廈門市内にある中小の地元の寺院や草庵を中心に、祭りや儀礼に参加したり、僧侶や尼僧、関係の役人や信者に聞き取りを行った。といっても、食事や雑談を楽しみ、時折り一緒に小さな巡礼旅行に出かけたりなどして、つきあいながら教えてもらったり見聞したことが多い。

福建省廈門市の仏教

中国仏教といえば古都のある西安などの中原の歴史的都市や上海などの大都市が有名だが、福建省も「仏国」といわれるほど仏教が盛んな地域である。とくに中国の南東沿岸部では、海道を通じて、インド、スリランカ、ミャンマーやタイの東南アジア諸国、あるいは日本との仏教の往来の長い歴史があり、独特の仏教文化を花開かせてきた。一方、福建省の北にある険しい武夷山脈が、中原にある歴代の権力からの直接の支配や、度重なる仏教への弾圧からこの地域の仏教を守った。そのことが、仏国として栄えた一因だともいわれている。

私たちが調査を開始した当時は、南普陀寺の第一次復興期の最後のころだった。建造物については必要最低限の修復が終わり、寺院を維持するための僧侶の数も整い始めていた。ただ門前の池は泥に埋まっていて、伝統ある閩《ミン》南《ナン》仏教学院の建物も図書館も建設中だった。また寺院内の組織や、行政との関係を調整する制度も未構築のところが多く、より大きく発展する次の段階に移ろうとする、まさに過渡期だった。一九八九年はまた、天安門事件が起きた年でもあり、加えてベルリンの壁崩壊とともに、旧ソ連や東欧の共産主義体制の崩壊に中国社会が大きな衝撃を受けるなど、国内においても海外においても、共産主義、社会主義国家の過渡期だったといえよう。

当時、当寺院において徐々に表面化しつつあった問題点の多くは、現在の仏教の状況を理解するうえでたいへん役に立つ。復興の第一段階は、とにかくも壊滅状態にあった寺の復興であったが、それに熱心に打ち込んでいるときは見えなかったいくつかの矛盾の一端が、次の発展段階に移ろうとするこの過渡期に、見え始めていたともいえよう。

二、経済発展と観光化

経済発展のための仏教復興

まず、宗教と経済発展の関係である。一九七九年から始まった宗教の開放政策は、共産党イデオロギーにおける宗教に対する見解が転換されたのではなく、実は経済開放への大きな転換のなかから、経済発展を加速するための必要手段として生まれた政策である。つまり、一九七九年に新しく発表された経済の五か年計画の一つに、宗教の規制緩和、つまり一定の条件のもとでの開放政策に転換することを示した文章が含まれていたのだ。その第一の理由は、宗教の活性化は中国の社会が安定化したことを示し、世界経済のなかで信用度を増すと考えられたこと、そして第二は、宗教の開放が海外にいる多くの華僑の宗教への経済支援を促し、華僑の故郷への帰省を促し、それが次なるビジネスチャンスを生み、華僑の資本投資が行われることを見込んだことである。いずれも経済発展を最優先にしたうえでの手段として、宗教開放政策がとられたことを示している。

しかし、一九七〇年代から始まった宗教復興の実態は、けっして平坦な道ではなかった。それぞれの宗教は自力更生を求められ、政府からの経済援助をほとんど受けずに、寺の修復や僧侶の教育を始めなければならなかった。しかも宗教活動を認められても、寺や教会等の宗教施設のある場所以外での布教活動は禁じられていたため、寺に信者がパトロンとして足を運ぶことを待つしかなかった。したがって、海外に流出した各寺ゆかりの華僑からの資金援助が唯一の経済資源であった。寺院の復興を切望する僧侶はあらゆる縁故をたよって、北米、台湾、東南アジアに流出していった華僑の信徒や僧侶に手紙を書き、窮状を訴え、資金援助を受けたのである。

廈門南普陀寺の復興例

福建省がとくに目覚ましい仏教復興に成功したのは、まさに世界の三分の一の華僑の故郷である福建省ならではの地の利がその背景にある。とりわけ中国でいち早く復興し、文革以前よりももっと大規模な寺となって豊かな経済力を得た南普陀寺は、経済開放政策で全国に五か所できた経済特別区の一つに選ばれた廈門市にある。

一九八〇年代に入ると、シンガポールに住むこの寺ゆかりの高僧が、以前の動乱期に難を避けて出国して以来、初めてこの寺を訪れることがあった。彼はシンガポールの有数の実業家数名を信徒として同伴し、同市の経済特別区への出資や合弁企業立ち上げのきっかけも作っていった。まさに

「佛」の字の前で帰郷の報恩をする華僑（南普陀寺）

政府が望んでいた、宗教復興が経済活動の活力を増強したことの例であろう。

しかし寺院への豊かな資金の流入は、その使途や管理をめぐる問題を生じさせ、さらには寺院全体の管理体制をめぐって、一時期、寺側と政府の宗教局の対立にまで発展していった。また、この経済発展は、一九九〇年代後半になると寺院を別の方向に導いていった。それは、寺院や仏教聖地の観光化である。

仏教寺院の観光化

名刹古寺の多くは風光明媚な景勝地にある。中国の世界遺産に登録されている五台山、黄山、峨眉山、武夷山など、その多くが仏教の聖地である。そのほか地方の歴史的に重要な地域、さらには目覚ましい近代化を遂げた大都市にも多くの有名な仏教寺院がある。これらの寺院や聖地は、華僑との関係がほとんどなく、廈門のように、華僑の信者からの多大な資金援助を得ることができなかった。そのため復興は出遅れたが、一九九〇年代後半に入り中国の開放経済が軌道に乗ると、観光への余裕が生まれ、国内や海外から多くの観光客が一挙に訪れるようになった。

一九八〇年代には華僑は祖先の墓参のための中国訪問が多かったが、その後、ビジネスのための訪中が増え、それと並行して、仏教聖地の巡礼や若い世代の仏教文化教育のための観光をかねた仏教の名所訪問が急増した。また、国内でも経済成長により旅行を楽しむ階層が急成長し、地方政府も重要な観光資源として建造物の復興、宿泊施設や交通の整備等に多くの資金を投下するようになった。共産党の歴史の記念的スポットや風光明媚な観光地だけでなく、何千年もの自国の歴史や文化を知ろうとする新しいナショナリズムの意識の高まりもその背景にある。

信者との接触のない大寺院

しかし、多くの観光客で賑わうその地で僧侶の姿を見かけることは少ない。観光バスから降りて土産物店にむらがる観光客はいても、観光客が僧侶の住む僧院を訪ね、仏教儀礼に参列し、講話を聞くという風景はそれほど馴染みがない。観光客は熱心に参拝もするがそれ以上ではなく、観光地巡りの色合いが強いことは否めない。もっとも営利目的の経済活動は僧侶には戒律で禁じられており、菜食レストランや参拝客用のホテルの営業、土産物売り、バスやタクシーの営業等の経済活動は、雇用や利益なども含めて、地方政府の宗教局か関係部署が管理を行うのが一般的である。またこうした名刹古寺は国家級の大寺院として、中央とのつながりを強めていく傾向にあり、いっそう一般の信者との接触が希薄になっていっている。

南普陀寺でも観光化が進むにつれ、一九九〇年代には他の寺院に先駆けて、入場料や観光収入をもたらす施設の利権をめぐって寺院と市政府の対立があり、中央政府の介入を招いた。その後、そこで整理された僧侶と地方行政との間の利権関係の線引きは、観光地となった他の寺院の管理経営方針にも生かされていった。観光は地方政府を富ませ、宗教が観光分野で中国の経済活動に大きく寄与する一方で、観光地となった寺院は文化財として政府の管理するところとなる。そして寺の内部では僧侶の修養や仏教・儀礼は行うが、宗教施設としての一般信者との接触が希薄になる傾向が強い。寺院や僧侶のなかには、宗教施設の観光化に反対する者も少なくないが、経済的自立も重要な原則であるため、世俗との間で明確な一線を画しながらも、地方政府や宗教局との協調関係にも配慮を怠らないようである。

二、共産主義国家と宗教の新たな「共生」

「愛国愛教」

仏教の担い手である僧侶にも、復興の初期から現在までに大きな変化がある。僧侶の多くが文革

現在の南普陀寺。国旗と仏教旗が「愛国愛教」を示す

期に還俗したため、宗教開放政策の初期には教学に明るく寺院経営の能力がある若手・中堅の僧侶がまったく不足していた。南普陀寺もその例に漏れず、まず若手の有能な僧侶養成のための学校の再建に着手した。ちなみに同寺付属の閩南仏教学院は、二十世紀初めに仏教の近代化を推進した太虚法師が初代学長をつとめた、当時の近代仏教の革新的な教育の拠点でもあった。

文革後、いち早く再開されたこの仏教学院には、全国から優秀な若い学僧が集まった。そこでは仏教経典だけでなく、社会学や心理学、医学、英語、また寺院管理に必要な簿記等も教えた。当初、市の宗教局から学習内容に踏み込んだ指導はほとんどなかった。しかし、天安門事件が起きると、北京や上海でこの事件に関与した学僧がいたことを重視した当局は、宗教局や仏教協会を通じて、「愛国愛教」のスローガンを僧侶や信者に広く知らしめることを強く要求してきた。つまり僧侶も信徒もまずは中華人民共和国の国民であるため、第一に国を愛し、そのうえで宗教を愛することが正しい信者のあり方である、という原則の徹底が求められたのである。その十年後に法輪功事件が起きると、仏教側も自ら、より「正しい宗教」であることに意識的になり、教学や戒律尊守に比重を置くようになった。

僧侶の養成と国家管理

地方では、比較的自立していた仏教学院が次第に中央政府の指導を受け始め、北京では、大学院教育も行う中国仏教学院が国家級の権威ある学院として、共産主義の精神を守り、国家級の寺院を運営できる僧侶の養成に当たるようになった。現在、南普陀寺も含めて国家級の主要寺院のほとんどは、中国仏教学院で修士号や博士号を取得した卒業僧が高位に就いている。

中国の政体は、政府にあたる国務院と共産党の二重構造をもつ。国務院では、宗教局が中央から地方まで宗教の行政的管理を行う。共産党では党組織以外の組織と共産党の連携を主管する統一戦線部が、宗教団体を扱う。そこでは宗教の代表者と党員、学識者からなる仏教協会のような協会を各宗教に対して作り、中央や各地方に置かれたこの協会が宗教と党の間の調整を行っている。このようにして、この三十年ほどの間で国家による宗教管理システムの基盤は徐々に形を整え、仏教もその流れのなかで、共産主義国にある宗教、中国化した仏教として形づくられてきたのである。

住職の就任式に集う中国全土の高僧。現在そのほとんどが若手と代替りした（南普陀寺、1990年）

国際交流、外交の仏教

二〇〇九年十月十六日の日本の主要新聞各紙に、黄色の袈裟姿の僧侶が居並ぶ写真が掲載されていた。この年に第五回目をむかえた日中韓文化交流フォーラムが江蘇省揚州市で開催され、その一環として同市の鑑真ゆかりの大明寺に日中韓の僧侶千人が集まり、東アジアの平和を祈ったことについての記事である。これは最近の一例に過ぎないが、アジアの多くの国が仏教文化をもち、歴史を通じて中国仏教と深い絆があるため、中国政府は共産党政府に移行しても、仏教を外交政策に取り入れ、国際交流に役立てることを積極的に行ってきた。

国民党時代にも仏教近代化の推進者だった太虚法師がアジアの仏教国を訪問し、蔣介石のメッセージを伝え、また共産党政府も初期から仏教を限定的に保護し、外交に使用した。日中国交回復から今日まで、鑑真を巡る仏教交流がその重要な補助線として日中の架け橋となってきたように、とりわけ歴史的関係が深い東アジアにおいて、仏教の文化外交の功績は大きい。その他のアジア諸国においても、たとえば、ミャンマーとの関係においては中国は仏教を一つの重要な文化外交に使い、近年では軍首脳部の北京への訪問と前後して、世界に中国とスリランカにしかないといわれ最も尊敬を集めている仏歯を数か月、ミャンマーに貸与している。ミャンマーでは仏歯を迎える特別な仏塔を建立し、政府の幹部がこぞって丁重に迎えて、一般市民にも公開して人気を博した。スリランカやタイに対しても、親密な仏教外交を重ねている。

国家主導の仏教による外交は、中国政府にとっての仏教の存在理由をよく示しているといえよう。しかし、国内で優遇され政府管理下にある一部のチベット仏教と、国外で活動するチベット仏教との厳しい分断政策、国内のチベット仏教の組織的「中国化」、さらに国内のチベット地域での漢民族とチベット族との対立等、問題も少なくない。「愛国愛教」をめぐる僧侶側からの意見には、国や仏教側の対応への不満があることも否定できない。また中央政府側からの宗教に対する新たな役割への期待も、宗教の存続や発展のためには受け入れざるをえないのが現状であろう。

地域コミュニティとこれからの仏教

今、中国で起きていることは、一九九〇年代から始まった仏教の二極化の進行である。一方では

厦門市内の尼寺、雪峰寺。地域の伝統である「菜姑」は比丘尼戒を受けない有髪の「尼」

中央政府の管理が行き届いた国家級の寺院の急速な発展があり、もう一方では、地域の人々の生活に密着したローカルな仏教の活況がある。厦門市はその好例である。南普陀寺を訪問する海外や国内の観光客は年間を通じて途切れることがなく、とくに一年に三回ある観世音菩薩の祭りともなれば数万の人で溢れかえる。しかし寺が国家級の寺になるほど、寺院における信者の日常での活動はずっと少なくなる。国家級の大寺院は他の省出身の高僧や学問僧、あるいは仏教協会が寺の管理や行事にあたり、地元の信者との協力関係は復興当時よりは希薄になっている。

それとは対照的に、地域の寺では復興は遅れたものの、地元の信者との関係が寺を支えているため、地方に密着した僧侶や尼僧の人的ネットワークや、特色ある宗教サーヴィス、あるいは地域のコミュニティ活動の支援などが、寺の人気の決め手となっている。その結果、信者は僧侶の家族や地域の信者のグループなどが支える地元の寺院に集まり始めている。こうした寺の多くは、地元出身の僧侶や尼僧が住持しており、人々は自由にこの地方の方言である閩南語《ミンナン》で話し、閩南語による説教を受け、先祖供養や巡礼旅行、日常の心配事の相談まで活発な活動を行っている。

世界経済の新しい担い手として市場経済に躍り出た中国では、街の景観や家族の形、生活スタイルまで、あらゆるものが大きな変化のうねりのなかにある。北京オリンピックが終わり、上海万博を開催した中国では、ほんの数パーセントの富裕層が、国の大多数の一般庶民には想像もできない生活を送る国をつくった。国家による思想統制の牽引役にもなり矢面にも立つ仏教は、それゆえに、急激な価値観の変化に翻弄される中国という国家と人々に対して、重大な役割を果たす意味生成の装置にもなりうる。仏教がどのような意味を生成していくのか、そして制度を介して国家とどのように共生していくのか、昨今、そのありようの一端が顕在化しつつあるが、いまだその真価は未知数である。

読書案内

本書で取り上げた各国（地域）の仏教事情について、さらに詳しく知りたい方のための読書案内です。それぞれの国（地域）について六点以内（各章執筆者自身の著作は二点以内）の文献を示しましたが、一般書が刊行されていない国（地域）も存在します。そのため、専門論文や欧文文献も含まれています。

1　マイノリティとしての仏教

インドネシア

・石井米雄「インドネシア上座部仏教史研究ノート」『東南アジア研究』一八巻二号、二五七―二七〇頁、一九八〇年。

・岩本裕「インドネシアの仏教」中村元・笠原一男・金岡秀友監修・編『アジア仏教史・インド編Ⅵ　東南アジアの仏教』二五九―三〇九頁、佼成出版社、一九七三年所収。

・木村文輝「インドネシアの仏教復興とその現状」『愛知学院大学短期大学部研究紀要』八号、二一六―二四六頁、二〇〇〇年。

・津田浩司「中国寺院か仏教寺院か？―スハルト体制下インドネシアの交渉される華人性―」『南方文化』三三号、六七―一〇六頁、二〇〇六年。

・Bechert, Heinz, "Buddhism in Modern Java and Bali,"『仏教研究』二〇号、一六一―一八〇頁、一九九一年。

・Brown, Iem, "Contemporary Indonesian Buddhism and Monotheism," *Journal of Southeast Asian Studies* 18(1), pp. 108–117, 1987.

マレーシア

・川崎有三『東南アジアの中国人社会』（世界史リブレット）山川出版社、一九九六年。
・佐々木宏幹「原郷回帰のシンボリズム―マレーシア華人社会のシャーマン―」佐々木宏幹『シャーマニズムの世界』一八一―二一〇頁、講談社、一九九二年所収。
・山中弘・林淳・安藤充「マレーシア華人社会における宗教の諸相」吉原和男・鈴木正崇編『拡大する中国世界と文化創造』三一八―三四三頁、弘文堂、二〇〇二年所収。
・DeBernardi, Jean, *Rites of Belonging: Memory, Modernity, and Identity in a Malaysian Chinese Community*, Stanford: Stanford University Press, 2004.

バングラデシュ

・臼田雅之・佐藤宏・谷口晋吉編『もっと知りたいバングラデシュ』弘文堂、一九九六年。
・高崎直道監修『ＮＨＫスペシャル　ブッダ　大いなる旅路１　輪廻する大地　仏教誕生』日本放送出版協会、一九九八年。
・谷山洋三『バルアの仏教と社会―バングラデシュの仏教徒の現状―』関西学院大学出版会学位論文オンデマンド出版、二〇〇六年。
・Chaudhuri, Sukomal, *Contemporary Buddhism in Bangladesh*, Calcutta : Atisha Memorial Publishing Society, 1987.
・Tinti, Paola G., *Between Two Civilizations: History and Self Representation of Bangladeshi Buddhism*, Ph.D. Thesis, Oxford University（Bodleian）, 1998.

インド
・アンベードカル、B・R／山崎元一・吉村玲子訳『カーストの絶滅』明石書店、一九九四年。
・孝忠延夫・浅野宜之『インドの憲法』関西大学出版部、二〇〇六年。
・関根康正『宗教紛争と差別の人類学―現代インドで〈周辺〉を〈境界〉に読み替える―』世界思想社、二〇〇六年。
・山際素男『破天』南風社、二〇〇〇年。
・Keer, Dhananjay, *Dr. Ambedkar, Life and Mission*, Bombay: Popular Prakashan, 1971.
・Moon, Vasant, *Growing Up Untouchable in India: A Dalit Autobiography*, Translated by Gail Omvedt, New Delhi: Vistaar Publications, 2002.

2　戦乱と弾圧をくぐりぬけた仏教

ベトナム
・大西和彦「近世ベトナム仏教界と広州海幢寺」『仏教史研究』二七巻二号、六九―九四頁、一九八五年。
・川本邦衛「ヴェトナムの仏教」中村元・笠原一男・金岡秀友監修・編『アジア仏教史・中国編Ⅳ　東アジア諸地域の仏教―漢字文化圏の国々―』二一一―三〇三頁、佼成出版社、一九七六年所収。
・桜井由躬雄・大西和彦「ベトナムの仏教―徐道行と仏跡山天福寺を中心として―」高崎直道・木村清孝共編『シリーズ・東アジアの仏教Ⅰ』二二七―二三六頁、春秋社、一九九五年所収。
・中西裕二「ベトナム南部・ソクチャン省D村における信仰と祭祀」『ベトナムの社会と文化』一号、九一―一一六頁、風響社、一九九九年。
・Thich Thien-An, *Buddhism and Zen in Vietnam*, Vermont and Tokyo: Charles E. Tuttle Company Inc., 1975.

カンボジア

・上田広美・岡田知子編『カンボジアを知るための60章』明石書店、二〇〇六年。
・笹川秀夫『アンコールの近代―植民地カンボジアにおける文化と政治―』中央公論新社、二〇〇六年。
・奈良康明・下田正弘編『スリランカと東南アジア』(新アジア仏教史・第四巻)、佼成出版社、二〇一〇年。
・林行夫編『〈境域〉の実践宗教―大陸部東南アジア地域と宗教のトポロジー―』京都大学学術出版会、二〇〇九年。
・Harris, Ian C., *Cambodian Buddhism: History and Practice*, Honolulu: University of Hawai'i Press, 2005.
・Marston, John and Elizabeth Guthrie (eds.), *History, Buddhism, and New Religious Movements in Cambodia*, Honolulu: University of Hawai'i Press, 2004.

中国・雲南

・小島敬裕「中国雲南省徳宏州における上座仏教―戒律の解釈と実践をめぐって―」『パーリ学仏教文化学』二三号、二一―三九頁、二一―三九頁、二〇一〇年。
・長谷千代子『文化の政治と生活の詩学―中国雲南省徳宏タイ族の日常的実践―』風響社、二〇〇七年。
・長谷川清「雲南省タイ系民族における仏教と精霊祭祀」田辺繁治編『実践宗教の人類学―上座部仏教の世界―』二二一―二五六頁、京都大学学術出版会、一九九三年所収。
・長谷川清「宗教実践とローカリティ―雲南省・徳宏地域ムンマオ(瑞麗)の事例―」林行夫編『〈境域〉の実践宗教―大陸部東南アジア地域と宗教のトポロジー―』一三一―一七〇頁、京都大学学術出版会、二〇〇九年所収。
・劉岩『南伝仏教与傣族文化』雲南民族出版社、一九九三年。

・Zhu, Liangwen, *The Dai or the Tai and their Architecture & Customs in South China*, Bangkok: DD Books and Kunming: The Science Technology Press of Yunnan, 1992.

3　変貌する上座仏教

タイ

・櫻井義秀『東北タイの開発僧』梓出版社、二〇〇八年。
・田辺繁治編『実践宗教の人類学―上座部仏教の世界―』京都大学学術出版会、一九九三年。
・パユットー、ポー・オー／野中耕一訳『仏法の思考と実践―テーラワーダ仏教と社会―』サンガ、二〇〇九年。
・矢野秀武『現代タイにおける仏教運動―タンマガーイ式瞑想とタイ社会の変容―』東信堂、二〇〇六年。
・Taylor, James, *Buddhism and Postmodern Imaginings in Thailand: The Religiosity of Urban Space*, Burlington: Ashgate, 2008.
・Mackenzie, Rory, *New Buddhist Movements in Thailand: Towards an Understanding of Wat Phra Dhammakāya and Santi Asoke*, London and New York: Routledge, 2007.

ミャンマー

・生野善應『ビルマ佛教―その実態と修行―』大蔵出版、一九七五年。
・池田正隆『ビルマ仏教―その歴史と儀礼・信仰―』法藏館、一九九五年。
・小島敬裕「現代ミャンマーにおける仏教の制度化と境域の実践」林行夫編『〈境域〉の実践宗教―大陸部東南アジア地域と宗教のトポロジー―』六七―一三〇頁、京都大学学術出版会、二〇〇九年所収。

・土佐桂子『ビルマのウェイザー信仰』勁草書房、二〇〇〇年。
・原田正美「近現代ビルマ（ミャンマー）における「経典仏教」の変遷―〈実践〉〈制度〉〈境域〉の視点から」前掲『〈境域〉の実践宗教』四四九―五〇八頁、二〇〇九年所収。
・守屋友江編訳『ビルマ仏教徒　民主化蜂起の背景と弾圧の記録―軍事政権下の非暴力抵抗―』明石書店、二〇一〇年。

ラオス
・綾部恒雄・石井米雄編『もっと知りたいラオス』弘文堂、一九九六年。
・池上要靖「ラオス仏教の現況」『東洋文化研究所所報』五号、二〇〇一年。
・ラオス文化研究所編『ラオス概説』めこん、二〇〇三年。
・Simms, Peter and Sandra Simms, *The Kingdoms of Laos, Six Hundred Years of History*, Richmond : Curzon Press, 1999.
・Lopetcharat, Somkiart, *Lao Buddha, The Image and Its History*, Bangkok: Siam International Book Company, 2000.

スリランカ
・青木保編『聖地スリランカ―生きた仏教の儀礼と実践―』日本放送出版協会、一九八五年。
・伊藤友美「チベット仏教におけるジェンダー間の平等を求めて―ダライ・ラマ、西洋人比丘尼、国際サンガと研究者―」『宗教と社会』一四号、八七―一〇五頁、二〇〇八年。
・ゴンブリッチ、リチャード／森祖道・山川一成訳『インド・スリランカ上座仏教史―テーラワーダの社会―』春秋社、二〇〇五年。

・杉本良男編『暮らしがわかる（アジア読本）　スリランカ』河出書房新社、一九九八年。
・Bartholomeusz, Tessa J., *Women under the Bo Tree: Buddhist Nuns in Sri Lanka*, Cambridge: Cambridge University Press, 1994.
・Cheng, Wei-Yi, *Buddhist Nuns in Taiwan and Sri Lanka: A Critique of the Feminist Perspective*, London and New York: Routledge, 2007.

4　現代に生きる密教

モンゴル

・石濱裕美子『チベット仏教世界の歴史的研究』東方書店、二〇〇一年。
・金岡秀郎「宗教―モンゴル人の仏教儀礼と信仰―」青木信治・橋本勝編『入門・モンゴル国』八三―一〇〇頁、平原社、一九九二年所収。
・金岡秀郎「ノヨン・ホトクト五世ダンザンラブジャーの事跡と遺産」『日本とモンゴル』三九巻一号、四一―二九頁、日本モンゴル協会、二〇〇四年。
・長尾雅人『蒙古ラマ廟記』中公文庫、一九八七年。
・橋本光宝『蒙古の喇嘛教』仏教公論社、一九四二年。
・Heissig, Walther, *The Religions of Mongolia*, London: Kegan Paul Library of Religion & Mysticism, 2000.

ネパール

・佐伯和彦『ネパール全史』明石書店、二〇〇三年。
・田中公明・吉崎一美『ネパール仏教』春秋社、一九九八年。

・山口しのぶ「ネパール密教の儀礼―供養と護摩―」立川武蔵・頼富本宏編『シリーズ密教2 チベット密教』二七三―二八六頁、春秋社、一九九九年所収。
・山口しのぶ『ネパール密教儀礼の研究』山喜房佛書林、二〇〇五年。
・Gellner, David N., *Monk, Householder, and Tantric Priest: Newar Buddhism and Hierarchy of Ritual*, Cambridge and New York: Cambridge University Press, 1992.

ブータン

・今枝由郎『ブータン―変貌するヒマラヤの仏教王国―』大東出版社、一九九四年。
・今枝由郎『ブータンに魅せられて』岩波新書、二〇〇八年。
・上田晶子『ブータンにみる開発の概念―若者たちにとっての近代化と伝統文化―』明石書店、二〇〇六年。
・平山修一『現代ブータンを知るための60章』明石書店、二〇〇五年。
・本林靖久『ブータンと幸福論―宗教文化と儀礼―』法藏館、二〇〇六年。
・ワンチュック、ドルジェ・ワンモ／今枝由郎訳『幸福大国ブータン―王妃が語る桃源郷の素顔―』日本放送出版協会、二〇〇七年。

5　勃興する大乗仏教

シンガポール

・奥村みさ「シンガポールの二言語政策と宗教―英語で宗教を学習する若者たち―」『アジア遊学』一二三号、七―二〇頁、二〇〇九年。

・佐々木宏幹「宗教と世界観」綾部恒雄・石井米雄編『もっと知りたいシンガポール〈第二版〉』一〇四―一三二頁、弘文堂、一九九四年所収。
・杉井純一「華人のエスニシティと民俗宗教―シンガポールの事例から―」大胡欽一編『アジア世界―その構造と原義を求めて〔下〕―』一二五―一五五頁、八千代出版、一九九八年所収。
・杉井純一「シンガポールの宗教復興―伝統的中国宗教とカリスマ運動―」『宗教学論集』二一輯、一〇九―一二四頁、二〇〇二年。
・直江廣治・窪徳忠編『東南アジア華人社会の宗教文化に関する調査研究』南斗書房、一九八七年。
・Kuah-Pearce, Khun Eng, *State, Society and Religious Engineering: Towards a Reformist Buddhism in Singapore*, Singapore: Times Media Private Limited, 2003.

韓国
・鎌田茂雄『朝鮮仏教の寺と歴史』大法輪閣、一九八〇年。
・鎌田茂雄『朝鮮仏教史』東京大学出版会、一九八七年。
・韓相吉／川瀬貴也訳「近代韓国仏教への日本仏教の影響」『季刊日本思想史』七五号、五四―七五頁、二〇〇九年。
・佐藤厚「韓国仏教を体験する―密教系宗派・真覚宗の修行に参加して―」『仏教文化』四五号、八六―九九頁、二〇〇六年。
・釋悟震「現代における韓国仏教の対応―仏教社会福祉を中心として―」『パーリ学仏教文化学』一九号、一一九―一三二頁、二〇〇五年。

台湾

・五十嵐真子『現代台湾宗教の諸相』人文書院、二〇〇六年。
・金子昭『驚異の仏教ボランティア―台湾の社会参画仏教「慈済会」―』白馬社、二〇〇五年。
・酒井忠夫編『台湾の宗教と中国文化』山崎宏先生頌寿記念論集、風響社、一九九二年。
・趙賢明『台湾に三巨人あり』講談社、一九九四年。
・蓑輪顕量「台湾における修行「仏七」と門派化の進む寺院―西蓮浄苑・慧日講堂・南普陀寺・霊厳山寺・仏光山―」『愛知学院大学人間文化研究所紀要・人間文化』二一号、一―一八頁、二〇〇六年。
・蓑輪顕量「台湾の現代仏教―拠点寺院の門派化とその存在形態―」『パーリ学仏教文化学』二〇号、一―二二頁、二〇〇六年。

中国

・足羽與志子「モダニティと「宗教」の創出」池上良正他編『宗教とはなにか』八五―一一五頁、岩波書店、二〇〇三年所収。
・足羽與志子「「宗教」の成立と民族―スリランカと中国の近代仏教改革者にみるコスモポリタニズムのゆくえ―」黒田悦子編『民族の運動と指導者たち』一七一―一九二頁、山川出版社、二〇〇二年所収。
・鎌田茂雄『新中国仏教史』大東出版社、二〇〇一年。
・末木文美士・曹章棋『現代中国の仏教』平河出版社、一九九六年。
・ワンク、デイヴィット・L「仏教復興の政治学―競合する機構と正当性―」菱田雅晴編『現代中国の構造変動5　社会―国家との共棲関係』二七五―三〇三頁、東京大学出版会、二〇〇〇年所収。
・Ashiwa, Yoshiko and David Wank（eds.）, *Making Religion, Making the State: The Politics of Religion in Modern China*, Stanford : Stanford University Press, 2009.

あとがき

十三年ほど前のことである。いささか個人的な話で恐縮だが、ある調べ事をしているなかで、一九五九年にインドネシアのボロブドゥールで開催されたヴェーサカの祭典に、私の祖父が参列していたことを知った。当時のことを詳しく知りたいと思い、資料や論文などを探してみたが、思いのほかに情報が見つからない。インドネシアの仏教に関する情報をインターネットで探してみたが、手がかりさえも見あたらない。あとでわかったことだが、当時のインドネシアの仏教界は、政府の介入を恐れて自らの情報を開示していなかったのである。

皆目見当もつかないまま、現地を訪れることにした。そして、どうにか関係者にめぐりあい、以来、ほぼ毎年のように同国を訪れるようになった。そうこうするうちに、インドネシアの現代仏教について一書をまとめてみたいと考えるようになった。しかし、昨今の出版事情ではそれも難しい。それならば、インドネシアのように仏教徒がマイノリティとして暮らす数か国を取り上げて、本を作ることはできないか。そんなことを考えて、二〇〇八年の春に法藏館の編集部に相談を持ちかけたのが、本書の誕生したそもそものきっかけである。

幸いなことに、法藏館ではこの話に関心を抱いてくださった。その上で、そうした内容であれば、まずは新聞の企画として掲載してはどうかということで、宗教新聞として伝統のある中外日報社に連絡をとってくださった。しばらくして、同社の形山俊彦編集局長にお会いすると、「せっかくの機会だから、数か国を扱うだけではもったいない。一か月に一か国を取り上げて、一年にわたる連載企画にしよう」とのご提案をいただいた。同時に、連載のタイトルは「知られざるアジアの仏教」とすることも決められた。正直に白状すれば、「困ったことになった」というのが偽らざる気持ちだった。十二か国を扱う企画をコーディネートすることは、私にとっては荷が重すぎる。しかし、後戻りするわけにもいかない。早速、取り上げるべき十二か国を選定し、それぞれにご専門の先生方に執筆を依頼して、二〇〇九年一月から「中外日報」紙上の連載が始まった。

その年の秋、連載が佳境に入った頃、改めてこの企画の出版を法藏館に打診した。すると、十二か国のなかにインドやミャンマーが含まれていないことが問題になった。どうせなら、もう少し扱う国々を増やしてみてはどうか。そんなわけで、「中外日報」の連載を半年間延長し、合計十八の国と地域を取り上げた上で、書籍としてまとめることになったのである。

この企画を進めるにあたっては、当初からいくつかの方針を立ててみた。まず、執筆は基本的に三十代半ばから五十代半ばの先生方にお願いした。これは、中堅や若手の研究者の新しい視点を期待する一方で、いずれの国に関しても、それぞれの仏教事情を少なくとも十年以上にわたって継続的に観察している方に、その動向を紹介していただきたいと考えたためである。また、執筆者は日本人研究者に限定した。もちろん、学問における国際化の重要性は承知している。しかし、本書は日本の仏教に慣れ親しんだ日本の一般的な読者を対象としている。日本人にとっては目新しい事柄も、他国の人には当たり前としか思われないこともあるだろうし、その反対も考えられる。それ故に、執筆者にも読者と同じ日本人的な視線を期待したのである。

さらに、アジアのなかでも、仏教に関する情報が多少なりとも日本人に知られている国と、ほとんど知られていない国がある。そのため、叙述の内容もおのずから変わらざるを得ない。よく知られている国については、その歴史などの説明を簡単なものにとどめて、現在に特化した内容になっている。一方、仏教事情が知られていない国に関しては、その歴史的な背景から説き起こしていただいた。ただし、わずか十数頁の記事のなかで、それぞれの国の仏教事情を網羅的に扱うことは無理である。また、一人の研究者が一つの国の仏教事情をすべて論じ尽くすことは不可能である。視点に偏りが生じることはやむを得ないし、読者のなかには、その立場や見解に異を唱える方もいるだろう。そうした批判を甘んじて受けざるを得ないことは確かである。もっとも、そのような不備を少しでも補うために、巻末には読書案内を付すことにした。一地域につき六本以内の文献を紹介することにしたのだが、国によってはほとんど一般向けの書籍がないところもある。そのため、専門的な論文や外国語文献が含まれていることをお許し願いたい。

加えて、言論の自由が必ずしも十分に認められていない国の「現在」を論じようとする場合、執筆者自身の今後の研究に支障が生じないようにするためにも、率直な見解の表明を控えざるを得なかったケースも存在する。そのなかでも、最もデリケートな問題を抱えるチベットについては、本書では取り上げること自体を見送った。仮にチベットを穏当な叙述で紹介しても、そこに示される内容は、さまざまな書籍やマス・メディアなどによって既に知られている事柄を超えるものにはならないだろう。その場合、チベットはこの企画が当初から意図していた「知られざる」という枠から、少々はみだすことになると感じたのである。この点についても、ご了解くだされば幸いである。

さて、それにしても、当初は数か国だけを扱う予定だった計画が、何とも大がかりなものになってしまった。結果的に、仏教徒が統計上○%のフィリピンと、入国さえも難しい北朝鮮を除き、アジアのほぼすべての主だった国々の仏教が網羅されたことになる。しかも、その内容は歴史的な変遷を踏まえつつ、現代の状況に焦点をあてたものであり、最新の研究にもとづきながらも、広く一般の読者を対象としたものになっている。このような書籍は、実のところ、私自身が一番待ち望んでいたものである。その意味で、本書は私個人の望みをかなえるために、多くの方々を巻き込んでしまったようなものかもしれない。

ご執筆くださった先生方と中外日報社、さらには法藏館と亜細亜印刷には心から御礼申し上げたい。とりわけ、中外日報社の形山俊彦編集局長と、法藏館の戸城三千代編集長には、連載の企画と本書の出版をご決断くださったことに感謝申し上げる。また、法藏館の岩田直子副編集長には、中外日報社へのご紹介の段階から本書の出版に至るまで、大変にお世話になった。特に、本書の出版が決まってからというものは、ほぼ毎日のようにメールで連絡を取り合った。『挑戦する仏教』という本書のタイトルも、岩田さんのご発案である。実際には岩田さんとの共同編集によって本書が成ったと言っても過言ではない。そして、忘れてならないのが、巻頭に序文をお寄せくださった前田恵學先生である。今日、我が国の仏教学界を代表されるお一人である先生は、同時に、アジア各地の仏教事情を現地調査によって明らかにされたパイオニアのお一人でもあり、従来から、仏教はそれを信仰する人々の生活全般に関わる総合的な文化であると主張されてきた。その先生が本書に花を添えてくださったことに、満腔の謝意を表します。

いま、アジアの仏教は大きくその姿を変えようとしている。それは、檀家制度に安住し、衰退への危機に瀕しつつ、なお旧来の在り方から脱することのできない日本の仏教界とは対照的に、人々の苦しみを少しでも取り除くべく、社会に渦巻くさまざまな問題に立ち向かい、そのためには従来のしがらみを乗り越えながら、未来に向かって挑戦する姿である。アジア各地におけるこの仏教のダイナミズムに、本書を通して一人でも多くの方に触れていただきたい。そして、そのことが、日本の仏教界が進むべき、新たな方向性を探るための一助となることを念願して、少々冗長になってしまったこの「あとがき」を終えることにしたい。

平成二十二年七月

木村文輝

◆執筆者略歴（掲載順）

安藤　充（あんどう　みつる）
一九五九年生まれ。愛知学院大学教授。オーストラリア国立大学大学院修了。東南アジア宗教文化研究専攻。Ph.D. 共訳書に『文化とグローバル化』、論文に「マレーシア華人社会における仏教組織とその活動」など。

谷山洋三（たにやま　ようぞう）
一九七二年生まれ。上智大学特任准教授。東北大学大学院修了。インド学仏教史学専攻。博士（文学）。編著書に『仏教とスピリチュアルケア』、共著に『スピリチュアルケアを語る』など。

根本達（ねもと　たつし）
一九七五年生まれ。筑波大学準研究員。筑波大学大学院修了。文化人類学専攻。博士（国際政治経済学）。論文に、「「不可触民」解放運動とともに生きる仏教徒たちの民族誌」（筑波大学博士学位請求論文）など。

大西和彦（おおにし　かずひこ）
一九五五年生まれ。ベトナム国家社会科学院所属宗教研究院客員研究員。大谷大学大学院修了。ベトナム宗教史専攻。文学修士。共著に『ベトナム文化人類学文献解題―日本からの視点―』『周辺分野から見たベトナム儒家思想研究（ベトナム文）』など。

高橋美和（たかはし　みわ）
一九六三年生まれ。愛国学園大学教授。筑波大学大学院博士後期課程満期退学。文化人類学、東南アジア地域研究専攻。博士（文学）。共著に『カンボジア新時代』『カンボジアを知るための60章』『〈境域〉の実践宗教―大陸部東南アジア地域と宗教のトポロジー―』など。

長谷川清（はせがわ　きよし）
一九五六年生まれ。文教大学教授。上智大学大学院博士後期課程満期退学。文化人類学、中国民族研究専攻。文学修士。著書に『中国の民族表象―南部諸地域の人類学・歴史学的研究―』、共著に『中国国境地域の移動と交流―近現代中国の南と北―』など。

泉　経武（いずみ　おさむ）
一九六五年生まれ。東京成徳大学非常勤講師。東京外国語大学大学院満期退学。タイ地域研究、人類学専攻。論文に「タイ北部の高僧クルーバー・シーウィチャイ・ランナー文化圏における宗教実践」「タイの仏教復興―仏教科目テキスト改編の考察（タイ文）」など。

原田正美（はらだ　まさみ）
一九五八年生まれ。大阪大学外国学部非常勤講師。大阪外国語大学大学院修了。ビルマ経典仏教史専攻。共著に『〈境域〉の実践宗教―大陸部東南アジア地域と宗教のトポロジー―』、論文に「ビルマ所伝「ザブパティ（Jambupti）王の事跡」（1772）の意義について」など。

執筆者略歴

池上要靖（いけがみ　ようせい）
一九五八年生まれ。身延山大学教授。立正大学大学院修了。東南アジア仏教専攻。文学修士。編著書に *Comprehensive Report of the Project to Research and Restore Buddhist Statues in the Luang Prabang Area of LAO P.D.R.*, Vol. 1~5など。

伊藤友美（いとう　ともみ）
一九七一年生まれ。神戸大学准教授。オーストラリア国立大学東南アジア研究博士。現代上座仏教、女性研究専攻。論文に「現代タイ上座部仏教における女性の沙弥尼出家と比丘尼受戒」、"Dhammamātā: Buddhadāsa Bhikkhu's notion of motherhood in Buddhist Women Practitioners"など。

金岡秀郎（かなおか　ひでろう）
一九五八年生まれ。国際教養大学特任教授。東京大学大学院修了。モンゴル学、仏教学専攻。著書に『モンゴルは面白い』『モンゴルを知るための60章』『リアル・モンゴル語』、論文に「モンゴル語訳『賢愚経』について」「モンゴル語仏典翻訳の規範」など。

山口しのぶ（やまぐち　しのぶ）
一九六一年生まれ。東洋大学教授。名古屋大学大学院修了。インド学仏教学専攻。博士（文学）。著書に『ネパール密教儀礼の研究』、論文に「カトマンドゥ盆地のナーマサンギーティ文殊について」「『瓶護摩儀軌』翻訳研究」など。

本林靖久（もとばやし　やすひさ）
一九六二年生まれ。大谷大学、佛教大学、大阪大学等非常勤講師。大谷大学大学院博士後期課程満期退学。宗教人類学、地域社会学専攻。著書に『ブータン　スタイル―仏教文化の国から―』、『ブータンと幸福論―宗教文化と儀礼―』など。

杉井純一（すぎい　じゅんいち）
一九六〇年生まれ。駒澤大学非常勤講師。駒澤大学大学院博士課程修了。宗教人類学専攻。共訳書に『シンガポールのシャーマニズム』、論文に「シンガポールのカリスマ運動」など。

佐藤　厚（さとう　あつし）
一九六七年生まれ。東洋大学非常勤講師。東洋大学大学院修了。韓国仏教、華厳学専攻。博士（文学）。論文に「韓国仏教における華厳学と密教との融合」「高麗均如の教判論」など。

蓑輪顕量（みのわ　けんりょう）
一九六〇年生まれ。東京大学大学院教授。東京大学大学院博士後期課程満期退学。日本仏教、仏教思想専攻。博士（文学）。著書に『中世初期南都戒律復興の研究』『仏教瞑想論』『日本仏教の教理形成』、訳書に『日本の仏教』など。

足羽與志子（あしわ　よしこ）
一九五七年生まれ。一橋大学大学院教授。一橋大学大学院修了。文化人類学専攻。社会学博士。編著書に『平和と和解の思想をたずねて』、*Making Religion, Making the State: The Politics of Reviving Buddhist Temple*, 論文に "The Globalization of Chinese Buddhism"など。

木村文輝（きむら　ぶんき）
1964年生まれ。1988年名古屋大学文学部卒業。1988年～1989年インド・プーナ大学大学院留学。1995年名古屋大学大学院文学研究科修了。博士（文学）。愛知学院短期大学講師、助教授を経て、現在、愛知学院大学教養部准教授。インド思想史、現代仏教研究専攻。著書に『生死の仏教学』（法藏館）、『宇津ノ谷峠の地蔵伝説』（静岡新聞社）、『宗教と人間』（共著、大東出版社）、論文に「現代インドネシアの仏教信仰」など。

挑戦する仏教—アジア各国の歴史といま

二〇一〇年一〇月一〇日　初版第一刷発行

編　者　木村文輝
発行者　西村明高
発行所　株式会社　法藏館
京都市下京区正面通烏丸東入
郵便番号　六〇〇‐八一五三
電話　〇七五‐三四三‐〇〇三〇（編集）
〇七五‐三四三‐五六五六（営業）

装幀者　佐藤篤司
印刷・製本　亜細亜印刷株式会社

ISBN978-4-8318-7108-4 C0015